职业院校创新创业教育与创业服务体系建设实践研究

编号：2023XHY151

高校教育与创新创业教育实践研究

孙　玮　班惠菊　马　强　著

北方文艺出版社

·哈尔滨·

图书在版编目（CIP）数据

高校教育与创新创业教育实践研究 / 孙玮，班惠菊，
马强著. -- 哈尔滨：北方文艺出版社，2024.8.
ISBN 978-7-5317-6407-6

Ⅰ. G640

中国国家版本馆CIP数据核字第2024Z58J27号

高校教育与创新创业教育实践研究

GAOXIAO JIAOYU YU CHUANGXIN CHUANGYE JIAOYU SHIJIAN YANJIU

作　　者 / 孙　玮　班惠菊　马　强
责任编辑 / 邢　也　　　　　　　　　封面设计 / 琥珀视觉

出版发行 / 北方文艺出版社　　　　　　邮　　编 / 150008
发行电话 / （0451）86825533　　　　经　　销 / 新华书店
地　　址 / 哈尔滨市南岗区宣庆小区 1 号楼　网　　址 / www.bfwy.com

印　　刷 / 河北昌联印刷有限公司　　　　开　　本 / 710mm×1000mm　1/16
字　　数 / 200 千字　　　　　　　　　印　　张 / 12
版　　次 / 2024 年 8 月第 1 版　　　　印　　次 / 2024 年 8 月第 1 次印刷

书　　号 / ISBN 978-7-5317-6407-6　　定　　价 / 85.00 元

前　言

在当今日新月异的时代，高校教育正面临着前所未有的机遇与挑战。随着科技的飞速发展，社会对人才的需求已经由单一的知识储备转变为创新能力与实践能力的并重。因此，创新创业教育作为培养新时代人才的重要途径，逐渐成为高等教育改革的热点与核心。本研究旨在深入探讨高校教育与创新创业教育的融合与实践，为高校教育的创新发展提供新的思路和方法。

在全球化与信息化的浪潮下，创新创业能力已经成为衡量一个国家综合竞争力的重要标志。作为培养创新人才的重要基地，高校在推动创新创业教育发展中扮演着举足轻重的角色。长期以来，我国高等教育在人才培养上过于注重知识的传授和积累，忽视了对学生创新精神和创业能力的培养，导致许多学生在面对就业和创业时显得力不从心。因此，加强高校教育与创新创业教育的融合，培养具有创新精神和实践能力的高素质人才，已经成为当前高等教育改革的重要任务。

本书旨在通过深入分析和实证研究，探讨高校教育与创新创业教育的融合与实践问题。希望通过本书能够为高校教育的创新发展提供新的思路和方法，为培养具有创新精神和实践能力的高素质人才做出贡献。同时，也希望本研究能够引起更多学者和教育工作者的关注和思考，共同推动高校教育的改革和发展。

由于笔者水平有限，本书难免存在不妥甚至谬误之处，敬请广大学界同仁与读者朋友批评指正。

目　录

第一章　高校创新创业教育的理论基础

第一节　创新创业教育内涵

一、创业内涵

"创业"是一个横跨多学科的名词，尽管早就在文献中出现，但学术界关于创业的定义问题一直未能达成共识。

（一）国内专家学者关于"创业"的定义

在我国，人们对创业概念的理解，正处在由中国文化的传统解释向西方的狭义解释迅速靠拢的过程中。在当前国内学术界，往往倾向于创业的广义内涵。

对于创业概念的界定，国内大多数学者都倾向于将其划分为狭义的创业和次广义的创业以及广义的创业等三个方面。狭义的创业概念是指创立一个新组织、企业的过程；而次广义的创业概念则是一个通过企业来创办事业的过程。它主要有创办新企业和企业组织内部创业等两方面的内容。广义的创业概念则是指创建一个新的事业的过程，换句话说就是指任何有关创办新事业（无论大小）的过程都可以叫作创业，如（非）营利性组织、（非）政府组织。据复旦大学管理学院郁义鸿教授总结，创业是一个过程，一个不断地发现并抓住一切机会来创造出新产品新服务，从而进一步发挥自身潜能、实现自身价值的过程。李家华等人将创业界定为不拘泥于当前的资源约束、寻求机会、进行价值创造的行为过程，突出了创业的三个要点，同时明确提出创业应该伴随新价值的产生，而这种价值既可以是商业价值，也可以是社会价值。杨艳萍则是将创业界定为在各个领域开创事业并且在特定领域内形成较大影响。既包括创办企业，也包括在其他领域创建业绩。

（二）国外专家学者关于"创业"的定义

"抓住商业机会""创立新组织"等与创业的狭义内涵相关的词汇是国外学术界在界定创业概念的时候使用频率相对较高的关键词。而且他们一般都习惯将创办企业和创业放到一起研究，认为二者虽有联系却又不同。此外，西方学者们还往往会忽视创业在文化和政治层面的作用，而是注重它在经济层面发现商业机会，强调创造物质财富的内涵。从而，强调其在整个社会经济发展中的意义。最后，除了上述关键词之外，与创业的广义内涵相关的词汇如承担风险、创新以及开创新事业、创造新价值等关键词也是西方学者们的选择。

（三）创业的其他解释

"创业"一词在《辞海》中被定义为"创立基业"，即开拓、创造业绩和成就，与"守成"相对应。创业，《现代汉语词典》解释为"创办事业"。它包括"创"和"业"两个字，"创"是开创、创办的意思，而"业"在这里是事业、业务的意思。《新华字典》里的"创"有始造之意，如《广雅》里的"创，始也"，诸葛亮的《出师表》中又提到："先帝创业未半，而中道崩殂"。这里的"创业"即指开拓业绩。而"业"字在《现代汉语成语辞典》内涵很丰富，有学业、专业和事业以及就业等含义。通过整理、归纳可以发现：学者们对"创业"定义的界定多是从人的品性特征和经济价值以及组织行为方式等三个大方面来考量的。

目前，国内外有两种较为简单的定义：一是《辞海》中所指出的"创立基业"；二是《英汉剑桥英语词典》中所指的"可获利的、需要付出努力的事业与计划"。而现实中，人们一般都倾向于将创业定义为创立新企业。然而这种解释太过狭隘。本书则认为创业是一种行为创新，是创业主体在经济、文化、政治等领域内为开拓新天地同时又会给他人和社会带来机会的探索行为，它包含以下几点：

首先，明确地把"创业"定义为主体在行为上的"创新"，从而将"创新"与"创业"有机结合起来，表明二者间的从属关系；其次，"创业"一词的使用范围非常广泛,它可涉及文化及政治领域而不仅仅是经济领域;再次,"创业"绝不是指那些停滞不前的行为,而是一种积极发展的探索。

二、创新内涵

创新是什么?它与创业又有什么关系?事实上,人们在创业实践中总会有着某种程度上的创新,然而创新却并不等于创业,它们是两种不一样的概念。正如前文所述,创业是指一个主体充分利用自己的资源优势从而创造经济、社会价值的活动。创新则是主体在已有知识基础上,不局限于某一固定思维模式,从而发现新事物的过程。经济学家熊彼特主要是从经济学的角度来定义"创新",认为"创新"是一个经济理论而非技术范畴,是对新产品或新过程的一种商业化,是将一种全新的有关生产要素与生产条件的组合引进生产体系中,从而建立一个新的生产函数。它不只是科技上的发明,更多的是将业已存在科技应用到企业中去形成一种全新的以营利为目的生产能力。他的"创新"一直就是一个集成的表述即广义上的创新,它不单单指技术创新,更多是模式和组织等形式的非技术创新。他所认为经济范畴的创新有以下几种情况:第一创造新产品;第二采用新生产方法;第三开辟新市场;第四取得新供给来源;第五实现新组织方式。事实上,一直到 20 世纪 30 年代熊彼特的创新理论才引起了西方学术界的认可并至今被奉为经典。我国科技界于 20 世纪 90 年代引入"创新",出现了创新的各种提法,如"知识创新""科技创新"等等,随后拓展到社会各个领域。据清华大学的科学与社会研究所的李正风教授总结,国内对"创新"一词有着不同的理解,有的学者是从经济学角度出发探求创新的内涵,而有的学者则是依托其一般含义来理解创新。今天,人们所说的创新就是"创造并发现新事物"。然而"创新"的概念并不像李正风教授说得那么简单,大多数学者都认为很难严格界定"创新"。本书认为与创业一样,创新也同样有狭义和广义之分。狭义的创新就是指发明、改进某一理论或方法,强调将技术与经济结合起来。广义的创新则是追求各领域与经济领域的融合,主要表现在体制机制和知识技术等各个不同的方面。本书认为,创新就是主体的一种行为活动。指主体在社会已有资源基础上,发明一种全新的事物,如科学技术或者产品、思想方法等。这个定义包含四点内容:

第一，创新不可能是"无源之水，无本之木"，是主体在社会已有的成就上才能实现的。第二，创新的"新"是一个相对的概念，是相对于目前社会上已有的成果来说是新事物。第三，创新注重的是"新"，是以前从来都不曾有过的事物。第四，创新关键在于开创，它是一个需要主体去经过一番努力才能取得突破性进展的活动。

三、创业教育

"创业教育"是西方国家在 20 世纪后期提出的一种全新的教育理念，直至今天，创业教育理论研究及其实践已经发展了 20 多年，可以说也已取得巨大的成就。但是，什么是创业教育？人们通常认为的创业教育就是指对受教育者进行一些创业指导，这些指导可以是创业理论，也可以是创业实践等方面的知识。当然，这种定义仅仅是从"字面"这个浅层次上来说的。然而，关于创业教育的较为确切的被大多学者所认同的定义，目前学术界还没有较统一的界定。有的学者认为创业教育是一种以开发学生潜能，提高其创业的基本素质，如创业能力、创业精神以及创新意识为目标的全新的教育理念。通过这个过程，学生的心理素质以及各方面的能力能够得到很大的提高，这是一个创业主体在创业过程中所必不可缺的。此外也有专家认为，从广义上看，创业教育是一种以培养学生的创业意识、创业精神，提高学生的创业能力为最终目的的素质教育，这种素质教育的实现是借助一些较为完善的创业课程、创业实践来完成的；而从狭义上看，创业教育则可以简单地定义为培养和提高大学生创建企业的能力。以上各学者关于创业教育的定义都是比较杂乱零碎的，并没有形成比较系统的学术界定。直到 1989 年，联合国教科文组织才对"创业教育"做出了相对权威的定义。1989 年，联合国教科文组织在北京召开"面向 21 世纪教育"国际研讨会上第一次对创业教育的内涵给出了较为权威的界定：创业教育是继学业教育和职业教育后的第三种教育模式，是人们的"第三本护照"，还是人们在不久的将来能够更好地生活所必须具备的教育。通过对文献的分析整理可以发现，目前国内外的学者对于创业教育含义的界定主要有两种：第一种是比较片面理解。这种观点认为，创业教育是以盈利或者说是以经济效益为目的的教育形式，而这种形式自然而然也是依据成本收益比来评价实施效果的。换句话说就是它仅仅教给大学生一些如何以及怎样建立企业的知识，不管会不会提高他们的创业能力、创业素质等比较深层次的东西；第二种观点则是认为创业教育是新时代的产物或是新时代的新要求，它强调创业教育要以培养大学生的创新思维、创新能力等这些基本创业素质为首责，无疑是一种与当代知识经济、信息时代贴切的创业教育观。

本书则认为创业教育同样也有广义和狭义之分，正如前文所说，狭义的创业是创业主体建立新企业的一种经济活动，以经济利益为终极目标。而狭义的创业教育则也能够理解为，是一种以培养当代大学生的创新思维、创新能力等这些基本创业素质为首责的，以便毕业后能够在社会上更好地做出事业成绩的，从最初的寻求职业岗位转换成为社会和他人创造职业岗位的各种综合能力的教育。广义上，创业教育就是要培养创业者的教育活动。这个过程所培养出的应该是具备良好的创新能力和创新精神以及冒险精神，能够较好地进行创业实践的人。总之，从整体上看，创新教育的开展往小方面讲可以提高当代大学生的创新意识、创业能力。此外它还能在很大程度上缓解大学生就业压力，而这点对于解决当前大学毕业生就业难问题意义重大；往大方面说，创业教育是新时代的产物，也是高等教育改革的需要，更重要的是它顺应了目前这个信息经济时代发展，超越了创业教育仅是创办企业的狭隘局限，也不再是以盈利为最终目标，它已经成为人们日常生活、工作中的一种新的思维方式。

四、创新教育

目前为止，文献中对于"创新教育"一词的界定已有许多，但是总体上大概可分为两类：一类是培养创新素质，如创新能力、创新思维和创新意识以及创新人才为目标的教育活动；另一类则是一种新时代下的新型教育，其是相对于传统教育而言的。而国际上则是将创新教育简单地分为两大类：第一类是从狭义角度出发，认为创新教育是一种以培养创新人才为终极目标的教育活动，所谓创新人才就是指那些拥有冒险精神抑或创新精神、创新能力、创新思维的符合时代潮流的新型人才；第二类则是从广义角度出发，强调创新教育不同于以往的传统教育形式，它比较注重个人创新能力和创新素质的提高。总体上它是反映了当今时代的新要求，是一种创业知识和内容丰富的新型教育活动，这种新型教育活动不仅包括对整个大环境的分析判断能力，还包括一些其他能力，如基础知识学习能力、资源利用能力、捕捉商机能力、创业实践能力、风险预测及控制能力、沟通协调能力等。现实生活中，学者们定义创新教育时不单单要将创新教育的历史发展沿革和已经形成的规约考虑在内，还要认识其发展历程和目前已经约定的规约，又要考虑其在之前基础上的升华以及未来的发展趋势。综上所述，不难总结出广义上的创新教育一句话概括就是促进社会人去创新的教育。只要是围绕人的创新思维和创新能力的提高的教育均可以叫作"创新教育"。作为培养创新人才的基地，高校的创新教育就是培养大学生的探索能力和知识应用等能力的一系列创新教育活动。高校的创新教育必须要使学生主动地学习，敢于突破思维定式，善于思考，而非只被动地接受前人的思想成果。所谓"创新能力"是指一种综合能力，它集中表现在创新活动中的观察和分析能力与实践能力等方面，强调的是个体综合应用各种资源并且在已有成果上的突破与创造。此外，创新能力还不仅仅是个体的自身认识能力与实践能力的简单结合，它还是个体自身的创造力与社会整个大环境的有机完美结合。

本书认为创新教育的发展是新时代的产物，是当下这个新时代对高等教育提出的要求，顺应了高等教育历史潮流的发展，是一种对传统教育模式的彻底性改革，培养学生的创新精神并逐步提高学生的创新能力是创新教育的宗旨。这种教育模式试图营造一个有利于提高学生创新能力的环境，通过完善的教育理论体系和丰富的实践环节去发掘大学生的创新潜能、培养其探索精神、提高大学生学以致用的能力，是新时代高等院校教学方法的改革、教学内容的创新，是对教育价值的再思考，为我国高等教育的发展指明了方向。

五、创新创业教育

（一）创业教育与创新教育的关系

关于创新创业的含义前文已经论述过：创新教育是以培养大学生创新精神和提高其创新能力为终极目标的新式教育，它强调的是人的全面发展。创业教育是培养大学生自主创业意识和增强其创业能力的教育活动，它强调的是对创业主体进行创业基础知识的传授。纵使创新教育与创业教育无论是从内容还是体系上都有些许相似之处，但这并不代表二者是相互替代抑或相互等同的关系。

1. 创业教育与创新教育内容相通、目标一致、功能相同

总体上看，创业教育和创新教育的主要内容是相互贯通的，二者彼此相辅相成：创新的基础是创业，自然而然地可以说检验创新水平的高低程度的标准还是创业实践的成功与否；反过来讲，创业又是创新的物质载体及其集中表现形式，能否创业成功的关键是能否具有良好的实施效果。创新教育是以培养大学生创新精神和提高其创新能力为终极目标的新式教育，它强调的是人的全面发展。而创业教育是培养大学生自主创业意识和增强其创业能力的教育活动，它强调的是对创业主体进行创业基础知识的传授。二者既相互促进又彼此制约，辩证统一。创新教育重新定位教育的功能，而非仅仅变革教育方法及其内容，是一场全局性和根本性的教育改革。新世纪新时代的发展对高等教育提出新的要求：高校要培养出具有创业能力、创业素质的高质量人才。因为只有这样的人才能适应逐渐加快的信息经济时代，才能紧跟知识与经济越来越紧密结合的社会发展趋势。

2. 创业教育是创新教育的深入

创业在某种程度上又是另一种创新，创业的过程中往往伴随着创新，因为创新是创业的基础。一个社会主体要想进行创业，他就必须具有坚实的基础创业知识和敢于突破思维定式的创新精神、冒险精神，最重要的是要拥有良好的组织管理能力。由此可知，一个创业者应该是一个具有综合能力的人，只有这样他才能担任起管理者和企业家等众多角色。因此，创业教育必然是创新教育的深入抑或是具体化，它应当也完全可以从各方面渗透到创新教育中去。

总之，创新教育与创业教育是相互促进而又彼此制约的关系，是密不可分的辩证统一体。高等院校开展创业教育，实际上是对学生进行创新教育的一个有机组成部分。

（二）创新创业教育含义

"创新创业教育"，顾名思义，人们一般认为创新创业教育就是创业教育和创新教育的简单结合或者是对创业教育的一种革新。事实上，"创新创业教育"是我国创造性地将创新的理念和国外的创业教育有机结合在一起的，由此而形成的一个全新的概念。理论界中有许多专家学者都提出了自己对于

创新创业教育一词的理解，但至今没有一个权威且明确的定义。1991 年召开的东京创业创新教育国际会议上将创业创新教育定义为：指培养出一批具备冒险精神和探索精神以及自主创业能力和管理能力的人。也有专家认为高等学校创新创业教育的终极目标是培养大学生的创新创业基本素质，促进当代大学生的全面发展，因而是一种新型的教育模式。

综上所述，本书认为高校创新创业教育是指以全体大学生为发展对象的顺应新时代潮流的一种与时俱进的教育模式，是一种基于多种教育理念的全新的教育理念，目标则是培养当代大学生的创业精神和提高大学生创新创业能力的新型教育，使高校毕业生自主创业的一种实践活动。这种教育模式革新了传统的教育观念、将教学与产业紧密结合，使得当代大学生综合素质逐步提高，也顺应了信息经济时代的发展趋势，最重要的是创新创业教育实现了从注重知识传授向重视创新素质培养的转变，为大学生的创业之路奠定了坚实的基础。

（三）创新创业教育的特点

创新创业教育总体上会更着重提高高校大学生的创新创业意识，更强调培养学生的创新精神，从而使得高校大学生能够积极主动地创建自己的事业，而不再仅仅是等待别人的选择，为他人打工。换句话说，就是实现了自身从被动地位到主动地位的角色转换。创新创业教育与传统教育模式虽有相同之处，但是二者还是存在差别的，创新创业教育有自身的独特之处。

首先，创新创业教育相对于传统教育而言，它主张以高校大学生为对象有目的性地开设创新创业教育课程。一方面给那些想要创业的学生提供创业指导；另一方面给那些正在进行创业实践的学生提供关于企业经营管理方面的实践培训，比如开设创业规划、创业实践、企业经营管理等课程，总之，更注重开发创新创业课程。其次，创新创业教育主要是通过实践，比如开展各种关于创新创业项目的活动和比赛或是通过设立创新创业奖学金等形式鼓励学生自发成立创业中心、协会、社团等让学生自身更加直观地切身感受创新创业的形式、意义，从而激发大学生创业兴趣。最后，创新创业教育还要求各高等院校应该建设各类的创业机构，比如创新研究中心和创业中心，从而给学生进行创新创业理论学习与实践提供平台。

第二节　创新创业教育理论

一、创造力理论和三螺旋理论

（一）创造力理论

创造力是人类特有的一种能力，是一种能够发现新思想和新事物的能力，是一个人的心理品质或者复杂的心理活动，个体在此基础上才能完成某种创造性活动。比如发明新方法、新技术、新设备等都是创造力的集中表现。独特性和新颖性是创造力区别于其他能力的显著特征。而无定向、无约束地借助已知探索发现未知的发散是其主要构成因素。除此之外，创造力的判断标准还在于是否具有社会价值、个人价值。美国著名心理学家吉尔福德认为，个人的创造力就是指当发散思维集中体现为外部行为。学术界普遍认为创造力是创造性思维的产物，是一种由智力及个人品质和知识等因素形成的综合性本领，由此可知创造力主要是由以下几个方面构成：

第一，知识。创造力的基础就是知识，任何创造都是以知识作为基础和前提的，没有知识就没有创造。换句话说就是只有在充足的知识基础上才能提出创造性方法。它主要由记忆知识和理解知识以及吸收知识这三种能力组成。

第二，智力。智力的核心是创造性思维能力。人们一般所说的智力通常是生物一般性的精神能力，即一种人在认识和理解客观存在的事物的基础上运用所学知识和经验去解决问题的能力。它包括理解、判断和解决问题以及抽象思维、表达和学习的能力。

第三，品质。包括意志、情操等方面的内容。品质是指一个人在道德情操以及意志力等方面的素质，它是个体在特定的条件下借助社会实践活动体现创造素质。是否具有较好的个人品质是能否成功创造的关键点，良好的个人品质，如顽强的意志力和进取心有助于个体充分发挥自身优势资源和创造力。

综上所述，创造力的主要构成因素是智力、知识以及个人品质，三者共同决定了一个人创造力水平的高低，并相互作用。而当前高校大学生的创业教育课程主要是以创造力为基础开展的，而创造力理论则为高校大学生创业教育课程的开展及改革提供了理论依据。

（二）三螺旋理论

20世纪90年代后，国外许多学者都对政府和高等院校以及企业的协同合作进行了"建模分析"，他们在尝试着去研究出一种新型的创造性的理论。三螺旋理论最早是由英国学者劳伊特·雷德斯多夫和美国学者亨利·埃兹科维茨于20世纪40年代提出来的。该理论强调的是政府和高校、企业三者之间的共同协作与配合。通过分析不难发现在"三螺旋理论"模型中，政府以及高校、企业三者之间的关系越发密切，更重要的是它们之间是相互促进、共同发展而非恶意竞争的积极关系。首先，高校对企业和政府有积极的反向作用。比如高校一方面可以通过政府与企业来找到自身发展的方向，探索到整个社会的发展动力，从而更好地规划自身的教学计划。另一方面高校自身的科研成就也能通过某种市场化方式使得政府和企业共享收益，这样一来就保证了高校、政府、企业三者之间的良性互动和发展。其次，从企业角度出发，企业的发展同样也对高校和社会有积极的反向作用。通常，企业的健康发展往往需要高校现有的科研成果支持，而高等院校大量的科研项目刚好满足了企业在这方面的需求。一方面，企业可以通过利用自身的优势，比如良好的经营管理能力和强大的营销推广能力等，将那些由高校提供的比较具有价值的科研成果市场化，来获取经济收益，从而最大程度上实现利益最大化。另一方面，企业利益最大化时还可以反过来支持高校科研人员的工作，给他们提供资金或资源方面的帮助，从而更好地协助高校研究学者攻破技术难题，这将在很大程度上对国家高新技术的发展起到良好的推动作用。而政府作为国家行政机关，整体上担任了一种宏观调控的角色，因此作为中间第三方来支持企业与高校的协同发展并合理解决企业和高校之间存在的社会性问题，如二者因各自性质不同而产生的摩擦，并出台一些恰当的与之联系的发展政策、从各个方面为高校和企业间的良性互动与合作扫清障碍是政府不可推卸的责任。综上所述，政府与企业和高校之间是不可分割的利益共同体，简单来说就是一种互惠互利的关系：高校通过开设有关创新创业的教育课程提高高校大学生的创新创业基本素质；企业则是从资金、设备等方面支持高校大学生去自主创业；政府作为第三方起着平衡企业和高校的中介作用，制定恰当的创业发展优惠支持政策，促进高校和企业间的合作。这三个主体都充分利用各自的优势来相互协作，形成一个上升的新型螺旋体。

二、创新理论和"创新人"假设

（一）创新理论

所谓"创新"是主体在已有知识基础上，不局限于某一固定思维模式，从而发现新事物的过程。而创新理论则最早是由经济学家熊彼特在 20 世纪初提出来的。他主要是从经济学的角度来定义"创新"，认为"创新"是一个经济而非技术范畴，是一种企业和管理者的经济活动，是一个内生变量，是一切经济发展的源泉，是对新产品或新过程的一种商业化，就是将一种全新的有关生产要素与条件的组合用于生产体系，从而建立一个新的生产函数。这个新的生产函数不只是科技上的发明，更多的是将已存在的科技应用到企业中去，形成一种全新的以营利为目的的生产能力。它将会革新组织的生产技术，更好更快地提高生产力水平，从而能够最大程度上实现企业的终极目标——利润最大化。此外，熊彼特所理解的创新主要有三方面的内容：基本含义、创新与管理者关系、创新与创造的异同。他的"创新"一直就是一个集成的表述即广义上的创新，它不单单指技术创新，更多是模式和组织等形式的经济而非技术创新。他所认为的经济范畴的创新有以下几种情况：第一创造新产品；第二采用新生产方法；第三开辟新市场；第四取得新供给来源；第五实现新组织方式。不同于熊彼特的创新理论，马克思在许多的经典著作中认为创新涉及社会的各个领域、各个方面，它不再仅是管理者或是企业家的特权，社会中的每个人都有权利去创新。他多次强调创新既是一个国家兴旺发达的不竭动力，又对整个社会的发展尤其是经济发展极为重要，影响重大。

（二）"创新人"假设

"创新人"假设是德鲁克于 20 世纪 90 年代提出来的一种关于人性假设的全新的理论。德鲁克认为，提高企业的整体创新水平和成员的创新能力是一个现代管理者成为领导者的关键。创新人假设的主要内容大体上有以下几点：

第一，马斯洛需求层次理论表明，人的需求层次是不断上升的，是一个由低层次逐渐向高层次递进的升华过程，自我实现是人的最高需求层次，这里的自我实现便是实现自我创新、自我突破。

第二，知识经济时代的到来要求人们不断实现创新来提高自我的创新能力，从而更好地在事业上做出成绩，更好更快地适应当今社会的快速发展。自我激励、自我控制是个体实现持续创新最根本的途径。从企业角度出发，营造一种积极、平等、自由而又民主的生活氛围，使成员在这样的氛围中能够更好地实现自我创新是一个企业可持续发展的关键。管理者应该采取多种激励方法鼓励员工在保持个人目标与组织目标一致的前提下，最大程度上实现自我创新和自我价值，从而能够更好地完成企业目标，实现组织利益最大化。总而言之，"创新人"假设强调的是自身具有的追求创新和变革的内在需求，为高校培养创新创业人才提供了强大的动力。

三、协同创新理论 与 "2011" 计划

（一）协同创新理论

"创新"最早是由熊彼特提出来的，他主要是从经济学的角度来定义"创新"，认为"创新"是一个经济而非技术范畴，是对新产品或新过程的一种商业化，就是将一种全新的有关生产要素与条件的组合用于生产体系，从而建立一个新的生产函数。它不只是科技术上的发明，更多的是将已存在的科技应用到企业中去形成一种全新的以营利为目的生产能力。与之前相比，它的功能或效率得到明显的增强，更关键的是它能够在整个的创新过程中取得超额的经济利益和社会价值，同时还能够不断地促进科学技术和生产资料的革新。这就是所谓的"协同创新"。具体来讲，协同创新就是一种以知识增值为核心的创新机制，是组织内部形成的一种关于技术、知识、能力等方面的分享机制，是为了最大程度上取得重大科技成果创新而由政府、企业和高校等主体建立起来的大跨度整合的创新组织模式，是指对创新要素和资源进行集中整合，从而能够打破各个创新主体间的隔阂并实现彼此间关于信息、资本、人才、技术等方面的深入合作。在协同创新的机制下每个相对独立的创新主体都拥有着共同的奋斗目标，通过多种方式进行沟通协作，并依靠"现代化信息技术"去搭建一个资源共享的平台。

随着全球经济的快速发展，科学技术的进步和日益成熟，不同学科间以及科学技术和社会经济间的联系越来越密切，导致科学技术的创新和发展的增长点逐渐转变为"交叉学科"。一方面，重大的科学技术创新或工程创新常常需要配备先进的科研仪器、优秀的科研队伍，但是基于复合学科的"联合创作"却是当今知识信息时代最需要的创新——协同创新。在新时期，协同创新对我国高等学校开展创新创业教育也同样具有现实意义。开展"协同创新"有利于我国全面把握全球范围内科学技术创新的新趋势的基础上更有效地、更充分地发挥每个创新要素的"综合效应"，从而实现创新资源的优化配置。总而言之，协同创新机制为我国高校新时期顺利开展创新创业教育提供了最基础的理论指导。

"协同创新"从整体上来讲是一项比较复杂的创新组织模式。它的关键在于构建一个恰当的机制和制度安排，要形成一种多元主体参与的协同创新、良性互动的创新模式。在这种创新模式下，高校和企业组织以及研究机构是核心要素，政府和金融机构以及中介组织等实践平台或者说非营利性组织是辅助要素，这些"知识创造主体"和"技术创新主体"彼此纵向合作并对资源进行某种整合，一种"系统叠加"的非线性效用就会随之出现。发展"协同创新"就要大力发展科学技术，不断提出创新办法和思路，建立一个分工明确、权责明确的实践平台，不断推动科技创新从而不断增强综合竞争力，在创新实践中不断取得"新技术""新知识"以及"新工艺"等方面的科研成绩。大体上，协同创新理论的主要特点有：一方面是整体性。协同创新强调要充分发挥每个创新要素的"综合效应"，从而实现创新资源的优化配置，由此可知它需要的并不是各要素的简单相加而是各要素之间的紧密结合；此外，协同创新存在的方式、目标以及功能均体现了"统一的整体性"。另一方面是动态性。"协同创新"从整体上来讲是一项比较复杂的创新组织模式，而这个模式要求形成一种多元主体参与的协同创新、良性互动的创新模式，高校和科研机构等"知识创造主体"和企业等"技术创新主体"深入合作进行资源整合，这个过程必然是动态的，不断变化的。

（二）"2011"计划

所谓的"2011计划"是"高等学校创新能力提升计划"的简称，这个周期为四年的计划于2012年正式启动实施，以构建协同创新模式，推动我国高校与政府以及企业的合作，营造一种协同创新的氛围为目标去建立一批"2011协同创新中心"。此外，"2011 计划"还要求国内各高校要以"国家急需、世界一流"作为终极发展目标；争取以协同创新来引领当今知识经济新时代的方向从而提升高校的整体创新能力；让高校能够处在国内教育事业发展的战略高度上努力提升自身"科技、人才与课程"的创新能力。我国高等教育作为创新创业人才的摇篮，在社会创新发展进程中发挥重要作用。总而言之，"2011 计划"协同创新模式是以推动我国高校与政府以及企业的合作，营造一种协同创新的氛围为目标的创新模式，同时也是一种面向学科前沿、社会发展的创新模式，是借助科学研究和课程发展以及创新创业者训练密切联系的方法，从而实现提高高校毕业生创新创业能力和培养高校高质量创新创业人才的目标。

四、个性化教育理论和人的全面发展理论

（一）个性化教育理论

当今社会是一个崇尚尊重注重发展个性的新社会，"个性化教育"是新时代下的产物，顺应时代发展的潮流已经成为当前知识经济时代背景下世界教育改革的主要趋势，引发了世界范围内的教育改革思潮。世界上大多数的国家都认为"个性化教育"是一个国家教育迈向现代化的重大标志，引领当今教育领域改革方向，而个性化教育理论主要强调的便是教育主体的差异化以及个性化。所谓差异化和个性化就是指每个人都会因为自身生理或心理因素，如遗传特征、生活环境、教育环境等等，而存在差异。个性化教育最大的特点就是它承认受教者在各个方面存在差异，这种差异集中体现在个体在心理、生理以及社会背景等各个方面所存在的差异。在此基础上，个性化教育理论会根据这种差异为个体制定特定的适合受教者自身特点的发展方案，从而让受教者能够更快更好地适应新的有针对性的教育模式促进受教者的全面发展。总之，个性化教育理论就是在承认受教者因智力等生理方面和成长环境等心理方面存在差异的前提下，既能有教无类，也能因材施教，从而使每个个体的个性充分发展得到全面发展。同样的，在进行创业教育实践的过程中也应该留意这种差异。这种教育理论它自身强调或者说是重视高校不同学生所表现的特性，认为要想充分发挥高校及其学生自身优势，突破传统教

育模式的僵化，从而使得学生的个性得到充分发挥，实现自身的全面发展来更好更快地适应信息经济时代的要求，就要依托个性教育理论，立足现实情况，以个体个性为出发点，有针对性地设计适合个体的发展方案，具体包括：教育的模式、内容、目标等。

（二）人的全面发展理论

马克思认为，人的全面发展的基础就是智力劳动与体力劳动的结合体。他对于"人的全面发展"的独特理论大体上可以分为以下几个方面：

第一，只有人的体力、智力得到了充分发展，人的全面发展才有可能实现，换句话说就是个体体力、智力的充分发展是人自身全面发展的基础。

第二，只有当人自身的道德和本性得到充分发展，人的全面发展才会实现。马克思关于人的全面发展的理论强调，一个人要想成为自由发展的人就要充分地发挥自身全部的能力和资源，从而达到人类的特性和社会性以及个体个性的协调发展。马克思的这些人的全面发展的理论和思想对于当今社会培养创新型人才仍有重大的现实意义。

以我国为例，当前我国教育领域改革全面兴起，而"全面发展"则是我国教育界改革的重要指导方针。鉴于马克思的全面发展理论，我国教育界所理解的"人的全面发展"有两方面内容：一方面，所谓全面发展一般是指一个人的德、智、体、美、劳等五个部分的均衡发展，是脑力劳动和体力劳动的完美结合；另一方面是指每个个体各方面的能力和才华都能够最大限度地充分发展。而我国传统的教育模式最大的缺点就是填鸭式教学方法，单方面地向学生传授各类知识，把学生当作没有自我判断力、自我思考能力以及自我发展能力的机器。这种教育模式是典型的忽视学生自我发展能力，挤占学生自我发展空间，这种模式往小方面讲会对学生的全面发展产生不利的消极影响，阻碍了学生自我潜能的发挥和创新能力的提高；而往大的方面则是与当代社会需要更多的创新型多面人才的现实情况背道而驰。个性化教育理论认为每个个体都是不一样的存在，总会有这样或那样的差异，所以它强调的是在教育过程中要注重个体特性和潜能的充分发展。而"全面发展教育"是比较注重学生的整体素质发展，学生在掌握扎实的理论学习的基础上通过各种各样的活动形式去营造一种良好的学习发展环境，从而使得学生自身能够在社会实践中学以致用，更好更快地适应现代社会对全能型人才和复合型人才的需求现状，为每个学生的全面发展、充分发展提供可能。全面发展的教育模式遵循了学生身心发展规律，能够最大程度上实现学生的全面发展，使其能够更好地适应当今知识经济时代对全能型人才的需求，更快地成为当今社会需要的"会生存、善学习、勇创新"的复合型人才。

事实上，"个性化教育"和"全面发展"这两种教育理论是相辅相成的关系，二者既有相通之处，又有各自的独特之处。比如个性化教育理论主要强调的是个体个性的发展，从这方面讲它是全面发展教育理论的一个方面，是一种更精细化、更高层次的全面发展表现形式；而全面发展教育理论则是更注重个体全面整体的全方位发展。二者之间并不是相互排斥的关系，而是共性与个性、你中有我我中有你的渗透或结合的关系。只有将"个性化教育"和"全面教育"紧密结合起来，个体的个性发展和全面发展才有可能实现。而创新创业教育就是强调在个体的全面可持续发展的基础上进一步地实现个体个性化发展。换句话讲，就是要了解个体特性发展规律的前提下促进学生在德、智、体、美、劳等方面的全面发展，实现共性与个性的均衡发展。当今的知识信息经济时代要求高校的创新创业教育要在尊重每个学生个性的前提下去促进其不断提高创新和创业能力，实现自身的全面发展。

总之，马克思主义关于人的全面发展的理论总体上给高校学生的全面发展奠定了理论基础。创新创业教育就是在这样的理论基础上形成的，是反映当今知识信息时代的一种全新的教育理念和教育模式，从而成为指导我国当前高校教育改革实践的理论依据。

第三节　创业教育发展历程

一、以美国为代表的国外创业教育的整体发展状况

世界范围内的创业教育是从 1919 年美国的霍勒斯·摩西建立"青年商业社"来开展业余的商业教育开始的。总体上可以划分为三个阶段：第一阶段是 1919—1947 年针对中学而开设的"商业实践教育"；第二阶段是 1947—1967 年专门为大学而设立的比较正规的课程教育；第三阶段是 1967 年至今

的大学理论化、系统化的课程教育和专业教育以及学位教育。总之,这三个阶段总体上概括了创业教育系统化、体系化、由感性升华为理性的过程。

创业教育的升华过程是一个相对比较完整的过程,这点集中体现在美国的各大高校里面。此外,美国的创业教育活动一直都居于世界的前列地位。从20世纪20年代至80年代,美国的创业教育完成了一个重大转变,中学的"商业教育"转变成大学的"创业教育"。从80年代开始,美国的创业教育便达到了规范化以及专业化,与其相配套的课外实践教育和开放式教育也迅速地展开。

(一) 美国高校创业教育的发展历程

整体上,美国的创业教育始于20世纪40年代,而学术界则是统一将哈佛商学院1947年首开创业教育课程这一事件作为美国创业教育开端的标志,并将整个发展历程分为三个时期。

起步期(1947—1970年),历来视教育为立国之本、发展为强国之路的美国为创业教育的诞生创造了一个良好的环境氛围。在这样的社会背景和经济条件下,哈佛大学开设的"新企业的管理"应运而生,这一事件标志着美国创业教育的诞生。随着创业教育课程第一次在大学出现,一些与企业有关的书籍、创业类杂志等相继出版发行。然而这在当时的时代背景下却并没有起到显著的效果,创业教育还不存在什么影响力。随后又因为刚刚经历经济"大萧条",美国创业教育发展的各种"硬件""软件"还不具备,因此在20世纪50年代,美国创业教育停滞不前。随后的20年中,"新科技革命"的发展促进了美国经济的快速发展,跨国公司等现代企业组织逐渐发展壮大,导致了刚刚创业的小企业生存艰难,同时也一定程度上抑制了创业教育的发展。

发展期(1970—2000年),20世纪70年代以后是美国经济的"滞涨"时期。这一阶段,经济发展极其缓慢,全国只有少数的学校有开设"创业课程",创业氛围一度低迷。在信奉自由主义经济的背景下,美国政府出台了一系列扶持小企业的法律法规。小企业的地位由此得到极大的提升,这无疑刺激了社会和市场对创业人才的需要。比如硅谷创业者的成功就极大地刺激了美国高校大学生的创业热潮,由此美国越来越多的高校都陆续开始开设"创业教育"这门课程。创业教育由此得到社会范围内更多的关注和重视,这点集中表现为越来越多创业团体的涌现，各种有关创业的杂志期刊发行等。可以毫不夸张地说，这一时期是创业教育发展的"黄金时期"。

成熟期（2000年至今），21世纪是美国的创业教育逐渐成熟的阶段。从整体上看，一个良好的具有支持性的创业教育环境已经形成，不仅政府颁布了一些有利于创业教育发展的社会经济政策，就连社会上的高校与企业的合作项目也不断涌现，可以说这个时期美国整个社会都进入了大众创业的时代。具体来讲，创业教育的稳定成熟则集中体现在高校建立了一套系统化的创业教育体系。纵观美国创业教育的整个发展历程，不难发现其创业教育的发展与企业的生存发展状况紧密相关。一方面，小企业受企业家精神的影响在新的经济形势下逐步向大企业发展；另一方面，小企业的发展不仅能够解决就业压力、推动经济的发展，还能为创业教育的发展提供牢固的社会基础，同时促进高校创业教育的发展。总而言之，经过60多年的发展，美国的创业教育在社会经济、政治以及文化的影响下业已成熟。

（二）美国的创新创业教育发展经验

第一是较为完善的创新创业教育体系。关于创业教育理论的研究，美国早已开始并且已有许多年的历史。至于创新教育，美国学术界研究得早之又早。而"创业学"和"创新学"早已成为美国众多高校商学院中发展最快的学科。当前，美国许多高校都已陆续开设了有关创新创业教育的课程，大多数高等院校还专门成立了专职的创新创业教育机构，使得创新创业教育逐渐被纳入到美国的整个国民教育体系之中，从而形成一个较为完善的教学研究体系。它的内容主要包括了从小学、初中和高中以及大学本科甚至研究生的各层级的正规教育。

第二是高品质的师资团队。不同于其他国家，美国的高等院校在创办创新创业教育时为了保证能够良好地运行，专门集中优势资源形成了强大的师资力量。美国大部分的高校商学院专门高薪返聘那些比较有教学经验和创业实践的老教授，或是一些以前或当前正在任职某知名企业的"外部"董事们，那些较有创业实践经历的风险投资家、创业以及实业家等也是其邀请对象。因为这些人往往具有较准确的观察判断能力，也有许多创新和创业的实践经历，知道如何正确地创建、经营以及管理一家公司，精准地把握当下创业领域的实践发展趋势，创新创业教育的社会需求变化。让这些商业界精英们通过短期教学的形式间接地参与高校大学生的创新创业实践项目，为高校的创新创业教育开展提供正确的方向与路径，丰富了高校创业类课程的教学内容。

第三是美国大部分高等院校都已经建立了较为完善的系统的创新创业教育课程体系。这些课程不仅精良而且内容也很广泛，涉及了社会领域的方方面面。比如创业意识和创新精神的培养、企业建立和规划、企业经营与管理等。此外，美国的高等院校尤其看重社会实践，强调学以致用。因此，大多数高校在开设理论课程后都会创建自己的创业中心或创业协会等创业机构，在全校范围内创造一种浓烈的创新创业环境，从而给广大学生提供一个良好的创业实践平台。

第四是美国高校比较注重增强学生的实践能力和创新创业能力。美国历来是一个崇尚自由和独立的民族，这样的民族文化给美国的高校大学生的创新创业教育和活动创造了一个良好的发展环境，使得美国各大高校在开办创新创业教育理论课程的同时，依据创新创业教育本身就和创新创业活动紧密相关的特性，更加注重让学生学以致用，让他们在实践中不断地增强自身创新和创业能力。这种自由、平等、独立、创新的文化背景使美国高校的创新创业教育成功得到来自社会的支援，诸多杰出校友、政府、实业家以及非政府组织等全社会的支持。

第五是美国高校开展创新创业教育最大的优势便是充足的资金。美国经济发展一直处在世界先进行列，创新创业教育发展的资金比较丰富，此外，政府也专门为创新创业教育的发展提供教学基金，激励高校大学生积极创新、创业，从而更大程度地资助高校的创新创业活动和项目的顺利开展。美国的高校和企业以及政府三者之间通过形成一个高校、企业和政府良性互动的创新创业生态系统，在某种程度上给那些有创业意愿的大学生提供了很多有利的资源帮助和支持，从而保证高校创新创业教育的顺利发展。比如便捷简单的创业手续、充沛的资金支持以及健全的信用制度等支持，为创新创业教育的实现提供有力保障。

二、国内高校创业教育的发展历程

（一）国内创业教育发展状况

我国第一次提出"创业教育"的概念是源于1989年柯林博尔在"面向

21 世纪国际教育发展趋势研讨会"上提出的"事业心和进取心教育",我国则普遍翻译为"创业教育",然而当时却对高等教育影响甚微。事实上,真正开启了高校创业教育新纪元的是清华大学首次举办的创业计划大赛。整个历程总体上可以分为以下几个阶段。

自发探索阶段(1998—2002 年)。国内清华大学首次创办创业计划大赛时,我国高校创业教育就进入了自发探索的新阶段。以比赛为依托开展大学生科技创新活动,促进当代大学生个性发展作为目的计划的大赛引发了诸多高校独立自主探索创业教育的热潮。如武汉大学为了全面提高学校的教学水平和学生的创业能力与素质,开展了"创业""创新"和"创造"等三创教育;复旦大学则是创造性地把"创业教育"融汇到学校的教学课程体系中,还在此基础上设立了各类基金来激励大学生踊跃参加科技创新项目;国内的许多其他高校也竞相模仿,不断开展各类型的创新创业项目来激发学生的创业热情,引发高校毕业生创业热潮。20 世纪末期,我国颁布了《面向 21 世纪教育振兴行动计划》,计划中提到要推动高新技术产业的快速发展,高校高科技产业化工程是一条捷径,各高校要不断加强"成果转化"和"产学结合",培训符合条件的学生并积极引导其在高新技术方面进行创新型创业,充分利用自身优势资源服务于我国的产业结构调整,引领国内高校创业教育的发展方向,营造浓厚的创业教育氛围。后来的三年间,国内创新创业教育领域掀起一阵创业狂潮:先是国家相关部委联合创办了第一届"挑战杯"创业大赛,随后是上海交通大学举行的第二届"挑战杯"创业大赛。再后来是清华大学第二届大学生创业大赛也相继举办并成立了创新实验区来进一步发展创新教育。总而言之,这一阶段是高校独立自主探索创业教育时期,虽然政府部门在这个过程中给予一定的政策和财政支持,但总体上讲这一阶段的创业教育有些过于重视活动形式而很少去研究探索创业教育的课程体系,严重缺乏规范性。

教育部门引导下的多元探索阶段(2002 年至今)。创业教育转入政府与学校共同探索的新阶段是以 2002 年教育部召开的"全国高等院校创业教育试点工作会议"为标志的。此次会议的主题是"创业教育"。全国首次对创业教育教师进行的系统培训是于北京举办的教育部的首期创业教育骨干教师培训班。清华大学等九所国内高校也被确定为创业教育的试点高校。党和政府对创业教育越来越重视，这些都集中表现在教育部印发的关于大学生就业工作的指导文件中。教育部高教司认为，为了更好地培养高校大学生的创新创业能力和基本素质，就要开展各种创业培训活动，这给国内高校创业教育的发展指明了道路。在这样的背景下，各试点院校在教育部门引导下充分利用自身优势积极探索创业教育并取得了巨大的成绩。我国高校创业教育经过十多年的发展已经取得了较为突出的成绩，如共青团中央和国际劳工组织合作的创业教育项目在我国的迅速发展等。我国高校创业教育发展的道路仍然任重道远，相信在我国政府部门和教育部门以及各高校的积极合作中，创业教育定会步入到一个多元化的新阶段。

（二）我国大学生创业教育发展历程

我国的大学生创业教育总体经历了一个从无到有、从萌芽到逐步发展的历程，大概分为四个阶段。

第一个阶段为1978年以前的空白期。改革开放之前，我国实行计划经济，经济基础决定上层建筑，文化教育自然会受到经济的影响，国内高等教育无论是招生还是就业都是严格按计划行事，带有非常浓厚的计划经济色彩。这一时期学校按指令性计划招生，学生按照计划分配，谈不上有什么大学生创业，至于大学生创业教育那就更是处于空白的状态了。

第二个阶段是大学生创业教育萌芽时期。中共中央颁布了《中共中央关于教育体制改革的决定》标志着我国高等学校毕业生就业政策的改革。该《决定》使得高校毕业生的就业不再分配，大部分大学生不得不开始自己找工作，进行创业实践的毕业生就更是寥寥无几。我国成为联合国教科文组织"创业教育"项目的成员国，就开始了试点创业教育。然而这项试点教育并未取得显著成效，由于涉及面比较窄，只有少部分高校专门为毕业生开设了就业指导课程，但是总体来说我国的试点创业教育还是有一定的成效，比如它从理论、实践等两个方面很好地促进了我国创业教育的发展。但是由于这样或那样的原因，这项试点教育最终并没有继续下去，我国的创业教育也并没有真正开展起来。

第三个阶段是高校自主探索时期。自国内清华大学首次举行的创业计划比赛起，我国高校创业教育便进入了"自发探索"的新阶段，这是我国高等院校自主探索创业教育的开端。以比赛为依托开展大学生科技创新活动，促进当代大学生个性发展作为目的计划，大赛普及了必要的创业知识并倡导了一种全新的创业理念，对高校大学生有良好示范作用，对全国各类高校影响甚大，由此引发了诸多高校独立自主地摸索"创业教育"的狂潮。

第四个阶段是创业教育试点和发展阶段。清华大学以及中国人民大学等九所国内高校也被教育部确定为创业教育的试点院校。党和政府对创业教育也越来越重视，这些都集中表现在教育部印发的关于大学生就业工作的指导文件中。政府给予这些高校高额创业资金补贴以及相关政策优惠支持等，希望这些受支持的试点高校能够引领国内其他高校的创业教育发展方向及路径，更能够去积极地探索出一套行之有效的实践模式。总之，在这个阶段各试点院校在我国政府以及教育部门的引导下充分利用自身优势，通过各种形式去探索创业教育模式与路径，经过多年的发展也已形成一套相对完备的理论体系和实践基础。国内其他高校则是在教育部和试点高校的示范性模式下开始实践，一部分高校也开设了较为系统化的大学生创业教育课程，这些都标志着我国进入了大学生创业教育的一个全新的发展阶段。

第二章 创新创业教育协同机制的设计

第一节 设计原则及思路

经济发展、增强综合国力、社会进步、提升国民素质都依赖于教育系统所提供的不竭动力。通过调研掌握就业供给与需求的基本状况，以研究为导向的高校要根据自身条件，整合所拥有的渠道和资源，结合不同理念，为创新创业教育的思路和方式选择合适的实践路径。

一、与传统教育体系相融合

普通教育和职业教育是传统教育模式中最重要的两个部分。普通教育通常注重身体素质和心理素质的锻炼和培养，即德、智、体、美、劳等全面发展。职业教育则是立足于前者，以所学专业为核心，加强对专业技能和素质的培养，以满足社会经济发展的要求。由于教育需求逐渐向多样化和专业化方向发展，普通教育和职业教育也随之细分，各有不同的教育理念和模式，在教育体系中发挥着不同的功能和作用。在普通教育中，虽然会涉及关于创新创业教育的内容，并在一定程度上进行实践，但是传统教育中所涉及的创新创业教育仍处于零散且不固定的状态。相比于传统的普通教育模式，创新创业教育增添了更加符合经济社会发展需求的内容，包括创业精神和创新能力。职业教育与普通教育的发展是相辅相成的，在构建创新创业教育体系的过程中，要充分发挥普通教育和职业教育的基础性作用。普通教育为创新创业教育提供基本的发现问题的能力，以及创新创业所需的开拓进取的精神和敢于担当的责任感。职业教育为创新创业教育提供相关的专业技能和规范。创新创业教育的实践过程是循序渐进的，有着不同于普通教育和职业教育的教学模式和体系，能够满足学生多样化的教育需求。学校作为教育主体应整合不同资源和路径，以普通教育和职业教育为基础，扎实推进创新创业教育相关工作。

二、创新性与实践性相融合

社会的发展、国家的繁荣、民族的进步离不开创新创业教育的发展。当今世界各国竞争激烈，谁具备创新精神，谁就能在竞争中占领先机，敢于创新、积极进取的高素质人才就成为国家发展不可或缺的因素。注重自由发展的自由型高校以及重视学术能力、聚焦学术研究领域的研究型高校和以社会服务为导向的高校在建设创新创业教育体系的过程中，要强化社会服务的理念，注重创新创业教育实践。创新创业教育是面向全社会的，教育理念、教学模式、学习方法是重要的创新内容。让学生能够在学习中获得开创性、多元化的思维能力，这是创新创业教育的目的。想要实现这个目标，需要整合多方面的渠道和资源，构建能够满足不同需求的创新创业教育体系。实践能力是在创新能力之外又一不可或缺的条件。与传统教育模式相比，创新的思维方式、创业的行动能力、开拓进取的精神、勇于担当的品质是创新创业教育的核心内容。创新创业教育模式的探索是困难和艰巨的，它是对普通教育和职业教育的进一步深化。

三、一致性与差异性相融合

培育具有创新思维和实践能力的复合型人才一直是高等教育的主要目标。创新教育是在创业教育的过程中实现的，不能将二者分离，要将创新教育和创业教育相融合，为学生构建创新创业教育机制，协同主体。重点培养学生的创新能力、创新思维、创新意识以及敢于开拓的精神品质。创新创业思维要始终落实在学生的培养过程中，符合高校专业培养的要求，是培养人才的路径。但是不同高校受不同因素影响，都会选择符合自身条件的发展方向，各个高校在创新创业教育机制的构建上不尽相同。首先，地理因素决定社会环境，处在不同地域的高校有着不同的社会条件，高校在构建创新创业教育机制的过程中可利用的社会资源存在差异，直接影响高校对创新创业教育实践模式、教育方式的选择。其次，发展导向存在差异的高校在人才教育的目标定位上也是不同的。高校应充分了解不同专业的学生需求，以专业类型为基础，有针对性地对学生的创新创业教育制定个性化的教学内容和目标。

四、主体性与互动性相融合

创新创业教育的目的是培养具有创新意识和创业精神的人才，在教学过程中要将主体性与互动性充分融合。老师和学生在创新创业教育中发挥着重要作用，在以研究为导向的高校中，师资力量充足，科研水平较高，老师既可以开展教学工作，也能推动高校科研水平的发展。通过教学让学生获得知识和技能，并将其运用到实践中以满足社会多样化的需求是高校培育学生的根本目标。在教学过程中要帮助学生制定符合自身条件的目标，注重培养学生的个人品质，让学生在学习过程中学到知识和技能的同时，又能感受到人文关怀。避免单向灌输式的教学模式，丰富教学内容，创新教学方式，在教学过程中重视与学生的沟通与互动，增强师生之间的了解。师生之间的互动在创新创业教育中就发挥着重要作用。老师要及时掌握学生的反馈，通过沟通帮助学生提高发现问题和解决问题的能力，发掘学生的创新意识和创业精神。

五、创新创业教育体系的设计思路

创新创业教育机制的建立对高校来说是一项艰巨的任务，需要协调多方力量参与其中，与传统教学聚焦学科建设相比，创新创业教育在提高知识水平和技能的基础上，更强调学生与社会的相匹配。高校应整合多方资源，协调各方力量参与到教学过程中，构建创新创业教育机制，为学生提供细致全面的创新创业指导。高校创新创业教育将创新作为最根本的教育理念，这是与传统教育思路和模式最大的不同。创新创业教育机制的构建要根据社会和学生的需求制定新的培育标准和目标，高校应将创新意识和创业精神贯彻到教学活动中，并与学校的长期发展目标相结合。高校既要让学生们学到基本的知识和技能，又要通过创新创业教育引导学生对知识和财富的开拓，培养学生发现问题和解决问题的能力，树立创新创业的思维和意识，以及敢于担当和勇于探索的个人品质，促进学生的全面发展。具体来说，高校可以建立合理的奖励制度，针对学生的创新创业制定激励标准，对有意愿创业的学生提供知识、物质以及政策上的支持。如果创业顺利，学校应给予积极支持和肯定，如果创业遇到挫折或失败，学校应帮助学生找到出现问题的原因，帮助学生加深对创业精神的理解，通过合理的激励制度，使学生将创业作为步入社会的选择之一。

高校在创新创业教育机制的构建过程中，应将教育目标和理念作为出发点，在教育过程中始终贯彻创新创业的目标和理念，把创新创业的思维方式深入到教师队伍的建设和学生的培育中。通过对学生知识储备、专业技能、心理素质和个人品质等方面进行全面培养，将创新创业的理念和思维方式与人才培养机制相融合，在学生学习的过程中就能培养创新思维和创业精神。在具体课程内容的选择上，学校应将创新创业的理念融入其中，为学生创业提供扎实的专业技能和心理素质基础。在教学方式上，除传统的学校教学之外，还应注重对学生实践能力的培养，丰富实践课程内容，例如举办创新比赛、建设创业基地等方式，让学生能够将自己的设想转化为实践，积极锻炼学生发现问题和解决问题的能力，将学生的创新意识和创业精神激发出来，为学生创业奠定基础。高校在构建创新创业教育体系的过程中，还应注意传统教育内容与前沿教育理念的结合，只有在传统教育的基础上应用好新的教育理论，才能更加高效地构建创新创业教育体系，并真正发挥创新创业教育作用。

综上所述，社会发展迅速，对人才的需求也在不断变化，高校在建设创新创业教育时应在发挥传统教育模式优势的基础上顺应社会发展需求，重视教育的社会服务功能，协调和调动多元主体参与到创新创业教育中来，以学校为主体，整合多方资源，构建完善的创新创业教育机制。

第二节 "校企"教育协同

一、校企协同人才培养的目标定位

校企协同人才培养的宗旨。满足区域和不同行业经济发展需求，培育符合社会要求的专业型人才，匹配高等教育改革和发展的要求，把学生作为教育的核心，培养专业技能。高校与企业建立多样的合作关系，包括技术研发、学术研究、人才培育以及社会服务等，将学校的教学资源和企业的社会资源相结合，推动校企的协同发展，这是校企协同教育的基本目标。

校企协同人才培养功能定位。高校身处教育改革的一线，应提高为经济发展服务和满足社会发展需求的能力。高校应充分整合资源和渠道，以区域经济为基础，构建完善的校企协同机制。处在市场竞争环境中的企业对人才的需求是多样的，高校要重视对学生创新创业教育的投入，为学生提供社会服务的平台，帮助学生更好的与社会需求相匹配，充分发挥人才对社会经济发展的推动作用，提高学校创新创业教育平台建设水平，促进学校综合实力的提升。

校企协同制定人才培养目标。高校和企业作为校企协同创新创业的主体都应参与人才培育目标的制定。企业想要获得符合自身长期发展需求的人才，需要将企业的长远发展目标与人才培育相结合，对人才精准定位和培养。国际竞争日趋激烈，创新越来越成为提高综合国力的关键因素，国家和社会的发展对具备创新素质的人才需求增大。高校是培育人才的最重要主体，以研究为导向的高校应承担起培养创新型人才的责任，和企业共同构建创新创业人才培养平台。与研究为导向的高校不同的是，以教学为主的高校主要任务是培育实践型人才，人才类型主要为实践的应用型人才。所以，以教学为主的高校应与企业协作制定符合社会经济和企业发展需求的能够提高实践能力的人才培养机制。

二、校企共建教学体系

培养目标的实现必须以完善的教学体系建设为基础。课程内容不能及时跟上社会经济发展的变化，教学方式上缺乏与学生的沟通和互动，不能为学生提供良好的实践机会，不符合社会发展的实际要求，这些都是传统教育存在的问题。所以，学校和企业应在教学体系建设方面相互协作，共同制定符合学校和企业需求的教育体系。

理论课程体系建设。在理论课程体系建设方面，专业课程和专业基础课程是国内高校专业课程最重要的两个部分。专业基础课程分为理论教学和理论实习、实践等教学环节，主要目的是培养学生的基本知识和基本理论基础，提高学生的基本知识和技能的学习。达到专业培养要求的工程基础类课程、专业基础类课程和专业课程所占学分比例的三分之一。工程基础类的课程与专业基础类的课程都应发挥数理学科和自然学科在提高学生应用能力方面的作用，这些都应在课程的制定过程中予以体现。专业类课程在设计中则应该注重培养学生的实践能力，高校的课程设计不应仅局限于本校，还要为学生提供多领域、跨专业以及其他的选修课程。社会经济各领域联系日益紧密，每一个领域和专业都不可能独立发展，都需要加强和其他领域的联系与交流，来推动自身领域的发展。国家之间的交流与合作也是同样的道理，国家的发展也需要具备综合素质能力的人才。高校在选修课程设置上应注重多元化，学生通过基础课程的学习达到课程学习要求后，学校还应引导学生选修对自己专业有帮助的跨领域学科课程，既能通过理工学科提高实践能力，又可以通过人文学科培养逻辑思维的能力，多学科课程的学习有利于提高学生的综合能力，为培养创新思维奠定基础。具体来说，文科学生选修符合自身发展需求的理工科课程，锻炼自身的实践能力。理工科学生选修适当的文科课程，增加社会科学的知识储备，提高自身的文学水平。除此之外，学校还要引导学生选修其他学校的课程，不仅能增加学生获取知识的渠道，也能提高各学校教育资源利用效率。当今社会各行各业都在不断发展变化中，高校要围绕社会发展需求开设相关课程，也要随时根据行业变化更新课程内容，以符合社会的发展要求。当前大部分高校与企业的沟通仅局限于管理人员层面，使得校企协同的主要参与者缺乏交流与沟通，造成学校对企业的需求了解不足，在课程制定上与企业的发展产生偏差。因此，学校与企业应加强沟通，让双方能够清楚彼此的想法和需求，这样可以减少课程设置的误差。此外，学校要对所开设课程的相关领域保持高度的关注，时刻掌握行业的变化动态，及时对课程方向进行调整，既让学生学到最前沿的行业知识，也积极满足社会发展的变化需求。

实践课程体系建设。为了提高学生的实践能力和创造能力，学校与企业应积极协作，在课程设置上为学生提供能够把学习到的理论知识转化到实践平台中。从企业的角度来讲，让学生参与与企业发展相关的研究项目和课题，在学校老师和企业相关人员的指导下对项目和课题进行研究，在这个过程中，学生的专业技能能够得到快速提升。在与企业项目有关的课程设置上，学校应制定合理的学分标准，提高学生参与积极性。此外，学校还要注重培养学生的实践能力，通过设置相关以社会服务为导向的课程，帮助学生对所学专业与社会需求相匹配。

开设第三学期。通过设置第三学期的课程形式指导学生实习，让学生有机会将学到的理论知识转化为实践。开设第三学期是在国内高校采用"3+1""3+2"教学方式的基础上开创的新的教学模式。当前国内只有少数民办高校设有第三学期，公立高校对开设第三学期资金不足。第三学期的设置不影响第一、第二学期的课程计划，它是在前两个学期课程不受较大影响的基础上，将第一、第二学期的部分课时整合为第三学期。第三学期的课程有别于第一、第二学期，包括课程设计、综合实验以及专业实习等实践内容。学生通过第三学期的学习，能够将前两个学期所学理论转化为实践，并在实践中发现之前学习存在的问题，并在接下来的学习过程中积极解决问题，发挥第三学期的过渡作用。经济社会发展需求变化较快，第三课程的设置要不断更新，更需建立与第一、第二学期的教学联动机制。规范的课程设置和充足的资金支持是第三学期正常开展的重要条件。在课程设置上主要有实习流程、实习内容、考核标准等。首先，指导老师在第三学期的教学过程中发挥着重要作用，对老师的教学时间和教学难度调增，并合理增加教师的收入。其次，实践课程是第三学期的主要内容，学校的设备损耗增加，为了确保课程任务的顺利进行，学校应加大对设备维护的力度。再次，和学生学习生活相关的图书馆、专业教室、宿舍、食堂工作时间也要根据学生的课程活动进行合理规划。最后，学校对于学生在实习过程中的安全问题要做好全面、细致的管理。由于不同于第一、第二学期的教学模式，学校需要科学制定第三学期的考评体系。每个学校都有各自不同的特点，第三学期的开设没有统一标准，学校应根据条件的不同制定符合自身的教学模式。

实施双师型教学。加强高校与企业之间的人员交流是增进双方了解、提高合作水平的重要途径。部分学校和企业建立研究所，学校教师应在研究所的课题研究人员中占一定比例，聘任的专家要对学校和企业有足够的了解，搭建教师、专家和企业人员沟通交流平台，发挥各方长处，提高工作效率。教师在研究所中能够接触到社会经济发展的前沿问题，可以将最新的知识传授给学生，拓宽课堂内容的渠道，让学生所学理论更好的与应用相结合。学生在对前沿问题的了解和学习的过程中，锻炼发现问题和解决问题的能力，使学生的创新意识也大大增强。以大连理工大学为例，学校和企业通过人才协同培养机制建立研究院，学校派出骨干教师参与到研究院的研究工作中，开展双师型教学，研究院聘任的专家进驻企业对其进行考察调研。通过这个过程高校能够及时掌握相关领域发展的变化动态，推动高校科研工作持续发展，也能帮助企业提高经济效益。

三、校企共同实施培养过程

订单式培养。订单式培养是指高校和企业签订用人合同，以高校教学资源和企业社会资源为基础，双方共同参与人才培养计划的制定以及人才培养落实的过程，学生通过考核达到培养标准，企业按照合同规定安排学生就业的协作办学模式。订单式培养的最大优点在于高校、学生、企业之间的关系是平等的，三方都能在人才培养中发挥各自的主体作用。企业应把握好行业发展的方向，根据企业发展的需求制定培养标准和数量，以订单形式交由学校对学生进行培养管理。在培养人才过程中，学校和企业应加强沟通，把握企业和社会发展的需要，协同制定培养方案和目标。企业将行业最新的动向提供给高校，高校则以校企协同制定培养方案对学生进行定向培养，学生达到考核标准，毕业后由委培单位安排就业。"一班一单"和"一班多单"是订单式培养的两种形式。"一班一单"是指一个企业的职位需求都为同一个专业，而且企业对该职位的需求数量能够组建一个班级。而"一班多单"指的是企业缺少某一领域的专业人才，但是对该类人才的需求量不足以组建班级，为了提高人才培养的效率，多个企业共同下订单，高校则将职能相近的岗位整合在一起，培养学生的职业岗位能力，即一个班级和专业与多个企业订单相对应。为了保证订单式人才培养的质量，学生可自愿报名，通过初审的学生组建班级，并在企业的实训基地接受培训，通过严格规范的考核提高学生专业技能，满足企业的需求，使学生素质更好地与企业发展相匹配。学校和企业之间良好的互动交流是订单式人才培养顺利开展的重要条件，包括招生、专业设置、岗位要求、教学内容与企业生产经营相匹配等问题，这些都需要双方在确定订单前达成一致。企业应将长期发展规划和需求明确向学校传达，避免培养过程出现偏差，提高培养效率，降低培养成本。

校企教育资源共享。校企协同的培养模式还在不断发展中，学校和企业应同心协力，探索构建校企的沟通交流机制，双方应整合共享人才培养资源，提高人才培养的资源利用效率。企业竞争力的增强与高校科研水平的提升以及创新创业机制的构建都依赖于校企协同及教育资源的共享。实习平台由企业搭建，高校则给予企业技术研发支持，以人才协同培养机制为基础为企业输送专业人才，形成合作共赢的良性互动机制。整合高校的教育资源和企业的社会资源，为学生的培养提供优质资源，不仅有利于创新创业协同机制的建设，也有利于为社会发展提供所需人才。企业的创新能力和人才队伍的建设都能从校企教育资源共享中受益。学校和企业共同建立实验室是资源共享的另一种形式。实验及实习所需的设备由企业提供，学校则提供教学设施和师资力量，通过资源的整合与共享，提高资源利用效率。将人才的培养和员工的培训相融合是协作共建实验室的特点，实现校企的优势互补降低培训成本。实验室的建设要以教学内容和学生能力为基础，建设满足多样化需求的实验室，包括基础实验平台、综合应用实验室以及创新研究实验室。基础实验室主要为大一新生设立，将课程教学与实验相结合，培养学生的基础知识和实验技能。综合应用实验室则面向大二以上的学生，通过创新型和开放型创新实验内容提升学生对知识的实践应用能力。创新研究实验室则为理论知识掌握牢固、实践能力出众的学生提供科研和创新实践的平台。创新研究实验室的实验环境和设备水平较高，在企业项目的引导下，有利于学生创新意识的培养。实验室及实践基地的硬件条件对学生的培训发挥着至关重要的作用，但是设备的维护与更新需要较大投入，仅仅依靠高校自身的力量难以满足教学发展的速度。建立完善的实验、实践基地对于大多数高校来说还较为困难，实训设备若跟不上教学内容的变化，会造成学生的实践能力与企业的需求不相匹配导致人才培养达不到企业的要求。因此，借助企业力量能够减轻高校负担。具体来说，高校向企业提供技术服务和有偿服务，企业则给予高校实验设备资源，这对双方来说是互利共赢的。

学校冠名企业。除了与企业合作的模式，高校还可以通过冠名企业的方式培养人才，这样可以减少学生将理论知识转化为实践过程中的约束，提高学生的实践能力和创造能力。在挑选冠名企业的过程中，高校应注意企业的生产经营活动是否与学校的专业方向相符，企业的技术是否成熟，这些都会影响冠名后人才培养的成效。确定冠名企业后，高校应给予企业科研和资金支持，使其成为学校发展的一部分。准确合理定位冠名企业的地位是发挥校企协作建立教学基地最大效用的前提。合作机构的确定也是高校冠名企业发挥作用的重要条件。由企业、行业协会、劳动局、教育局、高校等选派代表组成培训委员会，制定合理的教学标准，在实训基地设置教学经理岗位，理论教师和实训教师的配备应与学生、实验设备的数量相匹配。理论教师和实训教师应注重沟通协作，加强双师型教师教育模式的建设。若学生人数充足，则须设置教学经理助手岗位。通过精细化的管理模式，积极推动校企实践基地的教学内容、教学标准与企业发展相适应。将企业真实的生产环境与教学环境相融合是高校冠名企业最重要的特点。实训基地整合了高校和企业资源，为学生提供真实的生产环境实践平台，也是构建创新创业教育校企协同机制的载体。实践基地即将教学内容带进工厂，让学生在企业环境中得到锻炼。企业通过实训为工厂提高了生产效率，降低了生产成本，学校通过实训为企业培养实用型人才，实现了教育目标。

四、建立校企双方有效协同的机制

建立校企协同的引导机制。高校和企业应共同参与到校企协同引导机制的构建中。校企协同工作委员会是首先要建立起来的，成员包括企业、行业以及高校的管理人员。委员会的主要工作任务是审议培养模式、培养目标、师资队伍建设以及招生就业等问题，此外还应随时掌握行业发展变化，及时对人才培养、课程设置和校企协同发展方向作出科学调整。技术合作开发委员会也是校企协同引导机制的重要组成部分。该委员会主要由学校骨干教师和企业技术人员构成，主要职责是根据市场需求的变动，对企业生产升级换代提供科研支持和将高校的理论成果应用到实际生产中。为了保证校企人员的研究方向始终符合社会发展需求，委员会还应承担起校企人员培训以及传达行业动态的职责。

建立校企协同的管理与反馈机制。校企协同的管理机制包括统筹规划、相互协调、自主发展等内容，这些都需要以协调理论为基础建立。通过协同管理机制，有效加强校企的合作关系，提高资源的整合度，形成互惠互利的合作基础，充分提升校企资源的利用效率，保证人才质量符合企业生产经营需求。校企协同反馈机制的建立需要与管理机制相结合，管理过程中出现的问题要及时通过反馈机制向校企双方反映并予以解决，维护协同机制的有序运转。

五、改变校企双方传统的观念与文化

转变校企双方的传统观念。当前高校和企业对校企协同机制的看法存在差别，企业常常对校企协同漠不关心，而高校则对校企协同展现出积极的态度。众所周知，获得更多的利润是企业始终追求的目标，但是由于企业对校企协同缺乏认识和了解，认为高校是培育人才的主体，校企协同会增加企业的运营成本，不利于企业的发展。在这种认识的影响下，企业不愿主动参加校企协同机制的构建。高校虽然态度积极，但是受到固有观念的影响，认为传统课堂式教学是培养人才的最重要途径。校企双方受限于传统观念中，企业在机制构建中处于被动，高校的教学模式也缺乏创新。高校和企业虽然承担着不同的社会责任，但从功能和作用上看，双方也有着良好的合作基础。高校为社会经济发展输送人才，企业作为经济活动的参与主体，直接受益于学校培养的人才，企业通过人才提高生产效率，获得更多的利润，为社会创造出更多的价值，高校和企业都承担了服务社会的责任。企业在生产经营活动中理应与高校协作培养人才，企业应认识到校企协同不仅仅能够培养人才，还能获得高校的科研支持。高校也要更新观念，依靠社会力量扩宽人才培养的渠道。在校企协作中，高校应依托科研资源为企业发展提供技术研发支持。企业将高校提供的理论转化为生产实践，也有利于高校科研水平的提升。高校为企业提供人才培养和技术支持，企业为高校提供设备支持，既能降低培养成本，又能提高学生的专业技能，校企双方应更新传统观念，积极参与协同机制的建设。

融合校企文化。高校发展不仅要有良好的硬件条件，还需培养具有自身特点、被社会广泛认同的高校文化。优秀的高校文化不仅能够培养出优秀的人才，还能极大地提升学校综合实力，高校文化越来越成为学校发展的核心推动力。作为社会文化的一部分，企业文化与高校文化有着相同的文化属性，两者既存在联系，也有各自发展的独特性。企业是市场竞争的参与主体，企业文化建设服务于企业生产经营活动。优秀的企业文化能够影响员工的思想和行为，帮助员工解决工作中遇到的问题，为企业发展提供文化动力。高校文化和企业文化在内涵上存在联系，不少企业文化的内容都能从高校文化中找到相同的部分。企业发展和行业的变化对高校文化的影响也十分明显，特别是与社会服务联系紧密的应用型专业和学科。随着社会竞争日趋激烈，终身学习已经被人们普遍接受。学生在学校接受专业知识和技能的培训，进入企业后并不意味着学习生涯的结束，仍然需要学习掌握在企业环境中所必备的能力。因此，将高校文化与企业文化相融合，让学生在校学习期间感受到企业文化，引导学生找出高校文化与企业文化的契合点，帮助学生在认同高校文化的基础上更好地接受企业文化，适应企业的竞争环境，提高自身的抗压能力，促进从校园学生到企业人才的定位转换，锻炼学生的职业能力和社会适应能力。

六、校企协同人才培养的评价标准

校企协同培养人才的评价包括三个方面，即知识、素质和能力。评价标准要科学合理，最重要的是要与人才发展的规律相适应，高校和企业加强沟通协作，共同参与评价标准的制定。学生是人才培养的主体，高校和企业还应共同承担人才培养的评价责任。

知识方面的评价标准。知识方面的评价包括基础知识和专业知识两个部分。首先，在基础知识上，要掌握本专业涉及的自然科学和经济管理类知识。其次，在专业知识方面，要具备良好的理论应用基础和实训基础，了解专业和行业的发展变化，熟练应用与专业相关的法律法规政策以及行业技术标准。

能力方面的评价标准。能力方面的评价主要包括学习能力、发现并解决问题的能力、创新能力和实践能力。学习能力包含学习的方法与技巧，方法指的是获得知识的能力，技巧指的是对新知识的探究与应用能力。发现并解决问题的能力是以所学理论知识为基础发现解决问题的方式和途径。创新能力是指具备创新思维以及创新能力。实践能力指将掌握的理论知识转化为生产实践，并在实践中发现问题、表述问题的能力。

素质方面的评价标准。良好的职业道德素养，对所在行业充满热情，敢为人先、吃苦耐劳、保持学习的态度，具备优秀的个人品质，敢于承担责任，善于沟通，能够与他人建立良好的合作关系，注重工作质量和安全，保持良好的职业习惯和态度，以上都是素质评价所应具备的标准。

第三节 "三课堂"时空协作构建

培育具备创新意识和创业精神的人才是高校推动创新创业教育的重要意义。学生是创新创业教育的核心，是构建创新创业教育体系的主体。建立科学合理有效的创新创业教育体系，必须覆盖所有学生群体，以第一课堂为平台，传授学生创新创业的理论知识。在此基础上，在第二课堂加入实践化的教学内容，通过校企协同创建的实训基地，帮助学生将理论落实到应用与实践中，更加贴近真实的社会环境，提高学生综合能力，满足社会发展需求，构建"第一课堂、第二课堂、基地实践"的创新创业教育体系。

创新创业教育体系的建立涉及不同领域和多元主体，需要各方面协调合作，在理念内涵、理论构建以及实践模式的选择上合理规划，建立起教学内容科学规范、培养目标设置明确、评价标准合理有效、保障制度完善的"第一课堂、第二课堂、基地实践"创新创业教育体系。

一、 "三课堂"创新创业教育体系基本目标

"第一课堂、第二课堂、基地实践"创新创业教育是一个综合性概念，它是在探究创新创业教育内涵的过程中形成的。以第一课堂、第二课堂和实践基地为基础，为所有学生提供"结合专业""分类施教"以及"实践培训"的创新创业教育平台是创新创业教育的基本目标。

二、 "三课堂"创新创业教育体系内容构成

创新创业教育在"第一课堂、第二课堂、基地实践"的教学内容上是逐级深入的，第一课堂主要对学生进行创新创业的基础知识教育，第二课堂将实践活动融入课堂教学，基地实践则从课堂走向实训教学。具体概括为通识类教育、融入类教育、活动类教育、实践类教育和职业类教育，形成"三轨并行、五类教育、相互扶助"的行之有效的创新创业教育体系。

以研究为导向的高校建立创新创业教育体系必须改革现有教育模式，在培养学生的过程中要始终注重学生综合素质的提高，改变传统灌输式的教学

方式，引导学生树立问题意识，锻炼学生主动探究问题并解决问题的能力。在传授理论知识的同时鼓励学生将自己的想法应用于实践，并在实践中不断提升学生的综合能力。将理论知识与实践培训相结合，加强与学生的互动，给学生创造更加自由的实践环境。整合教学资源和校外资源，增强学生的创新创业的实践能力。教学内容要紧贴社会发展的方向，将最前沿的知识、理念和技术传授给学生，启发学生主动探究问题的意识，为学生创新创业奠定扎实的理论和实践基础。

"第一课堂"课程化创新创业教育。创新创业教育的关键是课程体系的建设，课程形式包括"第一课堂、第二课堂、基地实践"。创新创业教育的原则包含三个方面，一是教育对象为全体学生；二是教学内容要与不同专业相匹配；三是培养目标要与人才培养改革模式方向一致。创新创业教育包括"通识型"和"融入型"两种教育形式。在这当中，针对所有学生开展创新创业必修类课程教育和选修类课程教育是"通识型"创新创业教育的形式。具体来说，一是针对本专业学生开设的是必修类课程，设有固定的学分，可以实现对本专业学生有效的"通识型"创新创业教育；二是创新创业类选修类课程对本专业及其他专业学生开放，将专业课程中的创新性课程设置成为选修课的形式，创新创业类选修课在创新创业教育中发挥着重要的作用，是必修类课程的补充与延伸。高校可以通过创新创业必修类课程和选修类课程这两个课程形式，再结合传统的培养模式，选择适合学生发展的课程形式和内容。从学生的角度出发，设计出与企业运行环境相一致的学习系统。在这样的学习系统之下，可以提高学生的创新能力、创造能力以及自主决策能力。这样不仅可以使学生学到更多的创业知识，而且可以更好地激发学生的创新创业意识。"融入型"创新创业教育需要满足社会和行业发展的多样化需求，它面向各专业学生开展相应的创新创业教育，与不同学科和专业相结合，将创新创业教育的内容融入教学过程中。需要注意的是，创新创业教育并不是自成体系，它与专业教育的结合是一个互补的过程，这个过程对创新创业教育和专业教育的发展来说具有十分重要的促进作用。二者是优势互补的关系，是可以相互交叉渗透的。因此，进行相关教育时要科学和辩证地处理好二者之间的关系，既不能过分进行创新创业教育而影响正常的专业知识传授，又不能使创新创业教育完全依附于专业教育，进而失去自身的主体地位。在进行相关教育时，一是可以对学生开展基于专业的创新思维训练，合理引导学生对相关知识点进行创新性思维和创新式解决。创新性思维训练可以有效的培养学生的创新思维，但这是建立在学生对专业知识充分掌握的基础上；二是分析本行业专业创业前景以及具体实施过程，夯实创新创业教育的发展平台。这是建立在学生对专业知识进行创新性思维和创新式解决问题的基础上。

"第二课堂"活动化创新创业教育。第二课堂活动化创新创业教育相对于第一课堂课程化创新创业教育而言，内容和表现形式更加丰富，且容易被学生接受，它指的是以开展各式各样的主题活动对学生开展创新创业教育，它的原则主要包括三个方面：一是教育对象为全体学生；二是重视培养学生自身素质；三是活动与教育相结合。第二课堂创新创业活动按照项目内容包括三种类型，分别是"普及型""项目型"和"竞赛型"。"普及型"创新创业活动指的是在普通学生中开展各类普及性创新创业活动，通过活动的形式开展创新创业教育，包括创业沙龙、创业讲坛、科技制作与创意大赛、创业征集大赛、流动科技馆进校园活动等各类创新创业活动。服务机构是"普及型"创新创业活动顺利开展和成功举办的坚实依托。"项目型"创新创业活动相对于"普及型"创新创业活动而言更为正式，针对部分学生开展项目化的创新创业活动是"项目型"创新创业活动的重要内容，通过相关活动来培养和锻炼学生的创新能力、协作能力以及决策能力。大学生创新创业训练计划项目是"项目型"创新创业活动开展的载体。"竞赛型"创新创业活动的主要目标是引导学生根据自身的特点参加符合自身发展需求的学术学科竞赛。这些竞赛活动可以分为四个层次，一是国家学会主办比赛、二是省级学会主办比赛、三是重点专项学科竞赛、四是综合类比赛。"竞赛型"创新创业活动可以通过建设学院、学校、省级、国家级科技比赛平台来提升学生创新创业能力，同时激发学生创新创业参与热情。

大学生创新创业基地实践教育。仅仅开展第一课堂课程化教育和第二课堂活动化教育是达不到对学生进行创新创业教育目标的，还需依托包括学生所在高校和社会各类创新创业服务机构在内的创新创业教育实践基地和平台，对有创新创业意愿倾向或者是有创业目标的大学生群体开展不同于传统教学方式的创新创业教育，同时为提升学生的创新创业实战能力并促使新企业孵化、成活，为大学生提供各类创新创业的咨询与服务。具体来说，"实践型"创新创业教育指的是依托创新创业培训班，挑选优质创新创业项目入驻实践基地开展实践性创新创业教育活动，面向有创业意愿的学生开展创新创业教育活动，目的是通过传授目标群体开办企业所必备的知识和经验来提升创业能力避免创业失败。"职业型"创新创业教育指的是发挥学校创新创业部门的职能作用，整合提升学校对不同资源的利用，为创业初期的大学生提供场地、设备等在内的硬件保障以及教育、咨询和服务等方面的软件保障，目的是提高大学生的创新创业能力，使其在走出校门前就可以对创新创业有较为充分的了解。

创业教育的教学模式有以下几种：①课堂教学。课堂教学模式主要是传授给学生基本理论知识，使其了解国内外的创新创业现状，创新创业所需具备的基础知识以及创新创业等注意事项。②案例研究。现实生活中的创新创业案例是珍贵的教学素材，通过对这些素材的剖析可以提高学生发现问题、剖析问题和具体问题具体分析的能力。③混合讨论。混合讨论指的是邀请企业家、创业园区孵化基地管理人员以及政府部门专家等共同进行创新创业讨论，对案例研究的进一步深化和发展，通过各个主体的讨论使学生了解创新创业的相关政策以及具体实施过程，可以使学生对创新创业进行全方位、多角度的认识和把握，通过不同主体的讨论，进一步促进学生对创新创业方法、技能以及过程吸收理解。④活动开展。对学生创新创业知识和技能考核的最有效途径是开展多样的创新创业活动。通过活动的开展，能够提高学生参与创新创业学习的意愿，提升学生创新创业素质和实践能力，培养学生的团队精神。将学生在课堂上所学的创新创业知识和技能与实践相结合是创新创业规划设计的核心内容，它包括对人、财、物的规划，通过自身创造性的独立思考，提出自己的新设想，将自身的创新思维表现出来进而创造出新的事物，学生可以通过各类创新创业活动实现知识的经济社会价值，完成自身知识资本向物质资本转化的过程。激励大学生群体参与各类创新创业活动，让大学生在参与创新创业活动的过程中挖掘出自身潜在的创新创业潜能，进一步促进创新创业教育的发展。⑤商业实战。商业实战指的是在创新创业导师的指导下，通过创新创业计划，充分利用现有的虚拟环境和实战训练系统进行创新创业模拟和实战训练，实战训练需要经过自己独立创造性地思考而不是简单地模仿他人的创业计划。商业实战相对于普通的创新创业活动而言可以使学生体验更加真实的创新创业实践操作。这项商业实战模拟系统主要由大学生亲自来操作，大大开发了学生创新思维，它是一个思维的聚焦仪，商业实战模拟系统是将理论知识和创新创业知识连接起来的衔接器，为大学生创新创业实践提供了全程性指导和参考，强化学生对创新创业知识和技能的掌握，提高学生创新创业综合能力，是检验学生创新创业知识和技能的重要途径。

三、 "三课堂" 创新创业教育体系评价方式

要想使"第一课堂、第二课堂、基地实践"创新创业教育体系能够合理有效的组织实施，充分发挥各自的优点和长处，提升本校的创新创业意识和能力，高校需要建立科学合理的创新创业教育评价体系。无规矩不成方圆，合理的创新创业教育评价体系可以有效规范创新创业的绩效评价和奖惩行为，评价指标因素的筛选和确定是该评价体系建设的关键，该指标体系建立时要强调单项评价又要注重综合评价，不仅要创建与创新创业教育理念和原则相匹配的单项模块化评价标准，还要将评价标准融入整体绩效综合评价体系。

单项评价：建设创新创业模块化评价体系。加强创新创业单项评价体系建设，创建与创新创业教育内容及特征相匹配的可操作的创新创业模块化评价体系是不断提高创新创业教育质量的关键。要根据创新创业人才培养目标、现实需求、自身学校的特点来研究制定创新创业教育效果的评估体系，创新创业模块化评价指标体系要涵盖学生、教师、二级学院三个维度，不仅要包括数量统计，还应包括质量评估。除此之外，还需与时俱进，根据时代和现实的要求积极改革过时或不合理的创新创业教育评价方式，在评价和考核过程中不能只重视考核结果而忽视考核过程，考核方式不能过于单一，可以考虑推动多样化的考核方式与网络考核相结合，提倡第一课堂、第二课堂以及实践教育采用项目选择、案例剖析、作品质量、软件开发等方式进行综合考量，努力实现全方位和全过程科学有效的考核。

综合评价：纳入高校整体绩效考核评价体系，仅仅对创新创业教育进行单项评价远达不到考核的标准和要求，还需对单项考核进行有效补充，应将创新创业教育作为综合考核的一部分纳入学校整体绩效考核评价体系。具体措施包括以下两个部分，一是创新创业教育应作为高校年度绩效考核体系的

子模块之一，对于二级学院亦是如此，创新创业教育质量可视为判定学院人才培养质量和办学水平的参考标准，与此同时高校需要对相关工作突出的院系给予一定程度的奖励；二是改进和完善本校二级学院的创新创业教育业绩激励办法和措施，高校相关教师的创新创业教育业绩、成果和质量应该纳入津贴发放体系、教职工绩效考核和岗位聘任体系，甚至可以纳入高校职称评定体系。目的在于进一步提高教师进行创新创业教育、普及创新创业知识技能、带领学生开展创新创业活动的积极性。

四、"三课堂"创新创业教育体系基本保障

创新创业教育不是"封闭式"教育，而是典型的"开放式"教育，仅仅依赖高校的力量远远不够，需要政府、高校和社会三方协调推进。只有建立起政府、高校和社会三位一体的、互帮互助、工作高效的创新创业教育运行体系，我国的创新创业教育才能得以飞速发展并取得长足的进步。因此，要搞好创新创业教育眼光不能狭窄，视野要开阔，实现政府、高校和社会三方协调推进需要做好协调工作，一方面需要促进校内各部门的协调，另一方面需要整合校内校外各方资源。

校内协同：着力完善创新创业教育管理机制。实施大学生创新创业教育，各高校是义不容辞的责任主体，校内协同的开展首先需要将创新创业教育制定为学校发展目标之一，其次高校需要积极搭建创新创业教育实践平台，不断改善自身创新创业教育活动开展的硬件设施，最后是高校需要营造出浓厚的创新创业教育氛围，培养更多富有创新精神、掌握创新创业知识并积极投身实践的高质量应用型创新创业人才。高校需要结合本校发展的实际情况建设创新创业教育中心或成立专门的创新创业学院。

社会协同：大力优化创新创业教育社会环境。高校是孕育创新创业人才的摇篮和沃土，但是社会的环境也会对创新创业起到潜移默化作用。从社会大环境的角度来讲，有利的大学生创新创业的社会大环境是非常重要的，需要积极推进政产学研合作，聚集相关要素与资源，搭建各级政府、高校、创客空间、孵化基地以及其他企事业单位等多方联合的创新创业平台，加大对创新创业教育支撑与服务体系的建设，实现资源整合、资源共享、信息交换和服务优化，为创新创业创造一个良好的局面和氛围，进一步促进有利于大学生创新创业环境的形成，以带动创新创业教育机制的完善和发展。

第三章 创新创业教育协同机制的运行

德国学者赫尔曼·哈肯（HermannHaken）提出"协同"一同，他认为系统内部要素与系统间的相互作用在一定条件下可以形成协同作用，产生一种自我组织能力，这种能力可以使得系统的功能与结构变得井然有序，进而让整个系统迸发出新的价值。而"机制"一词来源于希腊文，其内涵是指事物内在的规律与原理自发地对事物作用，它具有自发性、系统性及长效性等特征。在社会科学的领域中，"机制"是指在正视事物各个部分存在的前提下，协调事物各部分间的关系以便更好发挥作用的运行方式。近几十年来，"机制"一词被广泛地应用于竞争、合作及创新等机制中。将机制的本义引申入社会教育领域，便可形成教育机制。因此，教育机制可以指代教育现象中的各部分之间相互的关系及运行方式。按照不同的标准，可以将教育机制分为多种类型，例如从功能角度考察教育现象间相互关系以及运行方式，包括保障与激励机制。而创新创业教育机制则可理解为创新创业教育现象各个部分间的相互关系及运行方式。

将高校创新创业教育看作是一个系统，其中政府、企业及高校等利益主体会根据其共同目标表现出协同意愿，为了获取教育增值及培养较为出色的创业者，他们会调动一切资源配置，产生全方位的有机作用，从而实现协同效应。高校创新创业教育协同机制的运行若想取得理想状态，形成一种协同式发展，则必须考虑各方利益主体的诉求。在市场化发展的原则下，建立有效的运行机制，从而促进各方主体相互适应，达到系统增值的效果。

高校创新创业教育具有全新的育人思想及教育理念，它所涉及的领域几乎贯穿人才培养的全过程，不仅要兼顾理论与实践的综合教学，更要在教学方式上做到灵活多变。本章结合其他学者对于高校创新创业教育的运行机制分析，认为高校创新创业教育协同机制的运行，关键在于管理决策、激励动力和调控三大机制。

第一节　管理决策机制

高校创新创业教育是一种全新的教育类型，其实践过程并不成熟，需要根据运行实施的具体情况而定，并且要对运行过程中所涉及的各个方面进行不断完善与调整，因此其运行过程与其他较为成熟的教育相比，会面临更多的选择，相应地产生更多决策。为了保证创新创业教育的实施与推广始终围绕共同的总体目标，确保运行保障、育人内容等方面始终适应高效育人这一标准，必须建立高效的创新创业管理决策机制，这是高校创新创业教育运行的核心与关键。

一、管理决策主体关系分析

高校创新创业教育管理决策机制的主体包括高校创新创业教育工作领导机构以及创新创业教育专家委员会，前者多由高校的行政管理者构成，而后者多由创新创业教育研究以及教学专家构成。如何定位领导机构与专家委员会，以及如何分配高校创新创业教育工作领导机构与专家委员会的决策权力，都是管理决策机制的重点。

高校创新创业教育工作领导机构与创新创业教育专家委员会作为高校创新创业教育管理决策机制的两个主体，两者间分工不同且相对独立。创新创业教育的发展方向由领导机构把控，负责高校创新创业教育的总体规划，全方位把握着创业资源及经费等，主要决策范围包括整体的规划发展，经费的投入使用以及资源的整合分配等，而专家委员会则是创新创业教育研究的整体管理者，不仅负责教学内容与方法的制定，还负责科研教学及师资培训等任务。总体而言，领导机构侧重于创新创业教育的发展规划与资源供给等宏观决策，而专家委员会则更侧重于创新创业教育的理论研究与课程培训等微观决策。

高校创新创业教育工作领导机构与创新创业教育专家委员会虽然分工有所不同、职能相对独立，但是两者间更有着紧密联系与持续作用。领导机构为专家委员会确定教研与理论的研究方向提供支持，而专家委员会根据高校创新创业教育的理论教学研究为领导机构提供策略建议。领导机构通过对高校创新创业教育的整体规划管理来提高专家委员的科研教学成效，而专家委员会则会通过研究方向的决策与教学课程的设计将领导机构的想法实现。要想确保高校创新创业教育工作领导机构的决策更具有效性、合理性及专业性，就离不开专家委员会的科学建议与理论支撑。同样，要想使专家委员会找准正确的研究方向，也离不开领导机构的认同与支持。

高校创新创业教育决策过程中包含了党委行政与学术教学决策，明晰两个主体间各自的决策对象、范围、程序及权力边界，促进高校创新创业教育管理决策机制的建立，要确保领导机构能够担当起全局把控者的角色，可以在整体规划与运行方向中提供正确的策略建议，同时也要确保专家委员会能够在教学、学术等具体事务的整体规划中承担起建议咨询者的角色，在决策的过程中，以制度化的方式达到两个主体合理分工、协同推进的效果。

二、管理决策机制的运行程序

高校创新创业教育管理决策机制必须具有规范的运行程序与步骤才能确保工作的高效性。领导机构与专家委员会作为高校创新创业教育管理决策机制的两个主体，管理决策的运行程序也是构成管理决策机制的重要因素。

对于领导机构而言，管理决策的运行程序应当是富有条理与逻辑性的。针对高校创新创业教育现有规划和资源分配等问题，领导机构会进行分析明确完善发展的目标，提供至少二种决策方案，由民主程序确定最终方案，并推动方案的实施。在此过程中，领导机构需要根据具体运行的情况进行结果反馈，从而对决策方案进行评估，确定是否继续执行该方案或是进行调整改进。在领导机构的管理决策运行过程中，专家委员会主要承担着调研及提供对策建议的工作，两者相互配合才能促使运行程序达到高效的目的。

对于专家委员会而言，管理决策运行的第一步便是对高校创新创业教育实际运行实施过程中存在的问题进行分析，明确完善发展的目标，专家委员会应根据实际运行的情况进行反馈评估，从而确定是否调整该方案。在专家委员会运行程序的各个环节，领导机构都可进行总体规划与方向的把控，它在管理决策的过程中承担着整体把控的角色，并对专家委员会的决策进行管理调控，将学校对高校创新创业教育的整体规划精神贯彻到教学管理与学术研究的过程中。

总体而言，加强高校创新创业教育工作领导机构的管理决策，在宏观上可以确保高校创新创业的教育内容与发展方向，符合学生自由全面的发展需求，符合学校总体规划发展的需求，符合政府社会的高度需求。加强专家委员会的管理决策在微观层面形成合理的教学内容、方法与体系，从而确保高校创新创业教育的有效实施及发展。

三、管理决策机制构建的基本原则

为了更好地服务创新创业教育的运行、实施与推广以及推动创新创业教育的科学发展，构建高校创新创业教育的管理决策机制是必不可少的举措。由于创新创业教育的实施运行与教育发展都有着明确的特定目标，因此两者间必然有着相适应的特定价值内涵，对于高校创新创业教育的构建来说，必须遵循特定的价值规律与基本原则。高校创新创业教育的宏观目标是，结合国家的政治、经济与文化的发展，配合中国特色社会主义教育实际情况与高校学生全面自由发展的需要，通过教育的实践帮助学生了解创业过程，培养创业意识及创业能力，这不仅可以让学生以正确的目标导向与价值取向了解认识参与到各个领域的创业中，并且将会更好地服务于中国特色社会主义教育事业的科学发展。从微观层面角度考虑，其发展目标是树立正确的创新创业价值理念、明晰创业主体意识、完善创业能力结构以及提升创新创业的实践水平。高校创新创业教育管理决策的价值内涵应紧紧围绕这一宏观与微观相结合的目标体系，提出了构建高校创新创业教育的管理决策机制所应遵循的四项基本原则。

把握中国特色社会主义的发展方向。高校创新创业教育的最终目标是培养能够服务于中国特色社会主义事业的先进创业者，在创新创业课程的内容与理论研究中，不仅要保障教学和理论研究成果，而且要使其更好地服务于中国特色社会主义事业的发展。

明确面向广泛学生群体的发展思路。创新创业教育应当适应国家社会发展的各个领域，无论何种专业、背景或是职业发展的学生，创新创业教育对他们的能力提升是有价值的。创新创业教育不应局限于小众教育，而是应当面向广泛的学生群体，开展普及性的科学教育，树立创新创业意识，提升创业能力。

遵循面向社会的实际导向。我国正处于经济转型发展阶段，经济社会的转型升级与发展要求创新创业教育调整与改进，因此需要对创新创业高标准、严要求，以此来更加适应社会的转型升级。在高校创新创业教育管理决策的过程中，要注重理论与实践的紧密结合，将更多资金进行适度整合调配以投入到实践性的教学任务与科研环节中，促使学生群体能够知行合一，真正推动社会转型升级以顺应时代发展的要求。

坚定全面发展的育人目标。马克思主义的最高命题与根本价值是"人的自由全面发展"，这同时也是中国高等教育所追求的至高目标。对于创新创业教育来说，其综合性较强，可以从价值取向、理念运作及社会管理等多个层面锻炼和培养学生的综合能力。坚定全面发展的育人目标，将其作为高校创新创业教育管理决策过程中的核心任务，只有这样才能实现学生的全面发展与创新创业教育改革发展的至高目标。

创新创业教育的开展并不是照搬原有的教育内容和模式，而是将这种创新创业教育的理念方法融入创新创业教学体系活动和人才培养中。高校开展创新创业教育时应当遵循以下四项原则。

"全面教育"与"个别教育"共同结合的原则。"全面教育"是指全面提升大学生的创新意识与创业能力，从整体上对创新创业学生的综合素质进行开发与提高，完善创新创业的知识结构体系和性格品质。"个别教育"是指针对少部分拥有创业潜能的大学生，进行个别的特殊引导和动力支持，以培养出先进的创业示范人才。

"全程性"与"分层性"共同结合的原则。良性的创新创业教育体系应当具有开放性与延续性的特点，这是终身教育系统的重要组成部分。开放性与延续性在大学创新创业教育阶段就是"全程性"的体现，高校应当将创新创业教育纳入人才培养的目标规划中，与专业的教学科研体系相结合。同时，高校的创新创业教育还应当划分层次，具有侧重点。在大学的初级阶段，应当培养学生的创业意识，加大创新创业教育意识的培养力度，开展针对性的技能训练，让学生在创业实践的过程中不断提高自身的综合素质。对于高校毕业生来说，应体现教育连续性的特点，实现教育的由浅入深，由全面到重点的发展目标，将高校的创新创业教育落实到位。

"理论"与"实践"共同结合的原则。高校在开展传授创新创业教育知识时，要注重理论与实践的具体结合，才能够真正实现培养大学生创新创业意识。因此，高校开展创新创业教育工作的同时，既要加强对理论课程教学工作的推广，丰富学生的创新创业意识，同时也要根据创新创业自身的实践特点，加强实践教学任务的强度，积极组织学生参与创新创业活动，真正做到理论与实践的共同结合。

"开放"与"协同"共同结合的原则。由于高校受到教育资源局限性的影响，为了积极获取有利的社会优质资源，应坚持开放办学的原则，建立协同创新机制。高校还应围绕创新培养人才体系目标，建立创新协同机制，将各部门的职能目标协调一致，促使创新创业教育的效果达到最大。

四、改善管理决策机制的对策建议

转变创业教育观念，树立正确的创新创业教育课程理念。高校的管理者要用前瞻性的眼光来设定创新创业课程的理念目标，创新创业的核心是完成素质教育的要求，培养创新思维能力，为受教育者创造条件，使其认识到知识重组的力量。高校既要培养适应目前就业发展需要的普通型人才，又要为国家未来的经济发展输送顶尖的创新型人才。明确创新创业教育的课程理念，立足于现实需求与长远发展角度，开展创新创业教育的指导思想。

加强创新创业学科建设，明确创新驱动发展的新要求。当今社会的发展战略对于我国高校创新创业教育的人才培养路径设定了新的要求。高校是大学生创新创业教育的核心阵地，他担负着教学科研培训、创业资金支持以及人才培养的多项任务。高校应当正确认识自身在创新创业教育协同机制中的地位，并在教育的实践探索中表现出来。大学生创新创业教育工作将在一定程度上影响我国的经济发展方向，构建完善的协同机制对于高校大学生的创新创业教育来说具有重要的指导意义。大学生和企业作为高校创新创业教育的两个方面，只有合理处理好两者间的内外联系，才能充分发挥两者间的协同作用。对于人才计划的培养，要制定出完整的科学规划，转变以往的教育观念，将创新创业教育贯穿在教育工作运行过程中，将理论与实践相结合，通过两者的优化整合与合理配置，激发大学生的创业热情与积极性。整合各方资源，在政府、企业及高校的保障体系下，实现理论与实践的高效衔接，在激发学生创新创业潜能的基础上，积极推动教学课程与科研规划的改革。

设立多层次的教研课程，引进高质量师资队伍，积极鼓励师生参与到创新创业的实践活动中。设计多样化的创新创业课程，开展循序渐进式的教育模式。在运行实施过程中，要正确认识创新创业教育内涵，与专业教育相结合，在专业教育的教学中培养学生的自主创新意识，增强创新创业教育的实效与互动性。

丰富课外创业活动，鼓励学生参与社团。学生社团是高校的自由活动主体，在创业活动方面，学生社团用多样化的方式将兴趣相投的学生聚集起来，形成良好的交流沟通。

构建专业的师资队伍，实现多样化的教学方案。高校可以引进校外的师资力量，也可以提供资金支持校内的教师团队走出去，学习其他成功学者的创业经验及教学方法，对课程的教学设计采取灵活多样的方式，满足学生的实践需求，不断提高创业能力与综合素质的提升。

充分利用校外资源。高校是一个开放性的系统，在推动创新创业人才培养方面，可以联系各方外力相互作用，以促进目标的实现。可以校企结合办学，达成合作意向，为大学生提供创新创业的实践机会，提升创新意识、能力及综合素质的培养。

第二节　激励动力机制

一、激励动力机制的运作机理

从宏观角度而言，高校创新创业教育受到政府与社会机构的共同作用。政府由于社会转型升级及经济持续发展的要求会进行全面改革，而在这一阶段势必会加大政府对创新创业活动的需求。在深化改革的背景条件下，政府会对创新创业教育的研究与培养提出更高的要求，需要通过资源调配以及适当的政策引导，推进高校创新创业教育的发展，扩大人才的供给。而对于社会机构而言，由于处在发展中国家，新兴领域及亟待转型的成熟领域为社会机构提供了充足的创业机会。在社会责任及自身经济利益的驱动力下，社会机构会更加富有创业意愿，创新创业领域的人才需求就越发强烈，这便加强了社会机构与高校教育领域的合作，在这种合作方式下，一方面可以通过资源的供给推动高校开展创新创业教育工作，另一方面可以通过人才招聘需求调整高校的育人导向，可谓一举两得。在高校内部创新创业领域中全面自由发展的教育理念得到广泛的认同，高校将培养全面发展及提升综合素质的社会主义接班人作为育人目标，而创新创业教育是独立于高校专业知识教育之外，它是以学生的全面自由发展为核心任务的教育，有助于提升学生价值重塑、人际关系及权力把握控制等方面的能力。

从微观角度而言，高校创新创业教育的运行实施离不开教师与学生这两个主体，教师是创新创业教育的传授者，高校对于工作量及工作表现的激励举措都将会推动创新创业的教学研究工作。从教师自身角度而言，他们对于创新创业教育的理论传授及目标认同都将促进创新创业的教育研究。同时，良好的校园文化氛围对于提升创新创业的认识与兴趣都有一定的促进作用。对于学生而言，他们作为创新创业的受教育者，高校可以利用学分激励学生参与创新创业活动，同时他们自身的兴趣及周围群体的良好影响也促使他们对创新创业教育课程的接受。

高校创新创业教育的有效推动离不开激励机制的作用，它可以激发教师的创新创业教学科研激情与积极性，进而鼓励学生创新创业的行为。高校为了提升教师的教研积极性将创新创业教学的实践指导考核指标划入绩效考评之中，将考核结果与教师职称晋升评定联系在一起，同时对指导学生开展创新创业实践项目活动取得一定成绩的导师进行奖励，调动教学积极性，同时高校还应注重对学生的创新创业激励，有关部门应当优化政策，建立良性的自主创业政策。高校应改革学分管理制度，推行弹性学分制，让学生可以在较大弹性的时间内安排学习与创业项目活动，实现学工交替，分阶段完成课程学业。同时要发挥学生创新创业的主观能动性，给予自主发展的机会，对于那些在创新创业竞赛中获奖的学生进行一定的奖励补贴。

对于高校而言，传统的笔试考核方式已经无法适应创新创业教育的考核方式。传统的考核方式是为了考查学生的记忆辨析能力，并不能对创新意识与能力进行考核。这就需要建立以素质为导向的考核激励机制。首先，可以对学生的创新创业项目参与度与贡献度进行评定，然后运用综合答辩的方式进行考核；其次，可以将创新创业项目的阶段性成果作为考核标准，既对学生的综合素质提出了更高的指标要求，同时也体现了创新创业项目的特色。

高校可以设置创新创业教育基金，健全激励机制，对表现突出的学生给予奖励。同时，可以将学生参与的课题研究、科研项目实验及创新创业项目等成果转化为相应学分。

政策激励的协同是激励动力机制中的一部分，它注重创新创业政策的可操作性及各政策间的关联性作用。近年来，中央及政府出台了许多关于支持高校创新创业教育的政策性文件。但是由于可操作性的缺乏及政府执行能力等问题，使得相关政策最终无法落实。推动高校创新创业教育需要调动各方积极性，在政策方面给予有力支持。同时，各级政府部门应当通过构建经济、教育及文化等多部门协同的工作机制，对现有的政策进行梳理总结，做到信息的及时反馈，为保障创新创业教育提供强有力的政策支持。高校应出台相应的协同政策，如构建激励机制，加强创新创业师资队伍的建设，组织参与创新创业竞赛，鼓励师生协作创业，将校内校外的创新创业资源进行整合，为创新创业教育工作的开展提供政策支持。创新创业政策在高校毕业生的创新创业指导服务中具有重要的激励引导作用，政策激励的协同包含了不同主体间的政策协同及政策先后协同，通过协同可以充分实现政策的有效作用。另外，政府在制定政策时应充分考虑高校毕业生与其他社会群体间的创业行为差异，有针对性地提供指导建议。

企业在激励机制的作用下，会根据自身需求融入高校的创新创业活动项目中。它将利用自身的技术、资金及渠道参与高校人才方案的规划制定中，在高校内为学生举办创新创业分享交流会，为即将进行创业的大学生进行思想上的引导，以确保创新创业教育能够朝着合理科学的方向发展。企业或许还能为热爱创业的学生提供岗位实习，从而为创新创业打下坚实的基础，也为创业梦想的完成提供更多的动力支持。

二、激励动力机制构建的基本原则

高校创新创业教育的动力来源是多元化的，受师生、高校及政府等多方面的综合影响，在构建激励动力机制时应遵循一定的原则，确保各方管理决策主体可以相互配合、方向一致，将高校创新创业教育的力量发挥到极致。从高校创新创业教育的内涵及要素特点入手，提出高校创新创业激励动力机制构建的三个基本原则。

维护各方动力的动态平衡。这其中包含了两个层面,一方面是各方对于推动创新创业教育程度的相互适应,另一方面是推动的方向要相互一致。在宏观方面,如果政府社会对于创新创业教育的动力大于高校时,经济作用会被盲目夸大,它们将会利用资源渠道与行政压力使高校改变原有的教育规划,不利于自身的教育发展,同时也会影响其他教学课程进行。当政府对高校创新创业教育的动力小于高校时,经济作用会被低估,政府和社会对于创新创业教育的关注度会递减,高校在资源备置方面也将面临困境。在微观方面,若高校师生的内外动力发展不匹配,则会造成动力失衡,对创新创业教育的运行实施造成障碍。从第二层面研究来看,如果是各方动力强弱相适应但发展方向不一致,那么将会阻碍创新创业教育的实施运行。从宏观角度考虑,若政府和社会机构过分强调创新创业教学的实践性,而高校更为注重理论性的教学,两者对于发展导向的不同将会使得高校的实际资源无法得到合理配置,社会也无法获取高素质的人才。从微观角度考虑,若高校注重教学水平与质量的提升,而教师注重理论教学科研水平的提高,创新创业教育水平的质量与理论研究水平都无法得到可靠的保障。若高校注重激发创新创业的理念,而学生注重自身综合素质的培养及创业能力的提升,高校提供的课程将不能满足学生需求,会导致教学资源的配合失衡,收效甚微。总而言之,遵循高校创新创业教育的发展规律,走科学发展的道路是维持创新创业教育过程中各方动力动态平衡的重要保障。无论是宏观还是微观角度,师生、高校及政府间都应形成一种良性的协调关系,纵使各方主体的出发点、关注点有所不同,但是只要确保各方能够在推动创新创业教育的力量与方向上保持一致,便可达到一种动态平衡的理想状态。

协调各方动力间的培育转化。高校创新创业教育的运行离不开各方的共同努力,各方动力的重视发展离不开精心的培育与转化。从宏观角度来说,培养学生全面发展的路径有很多,但是若想使得以政府转型升级为导向的动力融入高校创新创业教育中,就必须对其进行政策引导与资源的合理配置。从微观角度而言,针对学生自身综合素质的提升和能力开发的方式有很多,若要使得高校推动创新创业教育的动力通过特定途径转化为学生自身的动力,则必须开发培育出适合的动力载体,这种动力载体既有显性的也有隐性的。对于高校创新创业教育来说,显性的动力载体有政府的鼓励政策、高校的奖惩规定及政府与社会机构提供的经费物质支持等。隐性的动力载体包括大众对创新创业行为的认同与尊重以及鼓励学生参与创新创业的校内文化活动等。只要能够注重各方动力有层次的与各层面主体参与到创新创业教育工作中，对动力进行合理的引导、强化与推进，便可使高校创新创业教育的运行实施达到最优的状态。

防止各方动力的异化发展。高校创新创业教育的动力一旦调控不准确，或者力度与方向把控不稳定，极易产生异化现象。动力异化主要表现在教育的工具化与应试化方面。政府及社会机构在推动创新创业教育的过程中，将其看作是社会转型升级与创业机会的工具，过度强调短期成果忽略教育自身的价值规律，这便是工具化的体现。高校在这种错误化的引导下，会局限地关注学生的理论培养而忽略创新理念的迸发，同时也违背了全面自由的育人观念。因此，高校在坚定创新创业教育发展目标时，要始终牢记全面育人的教育理念，在此基础上形成特色的课程理论教学与科研培养方式，高校还可以结合各方动力主体的建议策略进行沟通交流，深刻总结认识创新创业教育的发展规律及本质特点。

三、激励动力机制的完善策略

在高校创新创业教育协同机制的运行过程中，决策主体方可以制定科学合理的管理规划，明确自身的工作任务，以确保各参与主体可以共同协作，拥有高度统一的思想意识与发展目标，从整体利益最大化的角度出发，发挥最大效能。同时，还应制定相应的行为规范与工作流程，要求各方严格按照规章准则进行工作任务的开展推行，在所制定的标准体系内高效地完成工作，并且还应制定奖励机制，此机制应以协作参与、信息透明共享作为行动准则，更好地协调各方代表高效完成项目决策，增加沟通交流与了解，培养各方代表间的合作默契，确保运行过程的公平、公正与公开，通过奖励机制可以有效地提高促进各方的竞争协同意识，从而提高高校创新创业教育机制整体的协同工作效率。

提升高校创新创业教育协同作用的关键在于完善利益分配制度，激励企业及行业单位参与高校创新创业合作教育，完善利益分配与实施机制。首先，高校应当建立创新创业教育专项资金，支持校企协调培养机制，提高高校教学条件及设施建设。其次，高校应对协同培养的企业及导师付出的指导工作进行激励补助，以提高参与创新创业教育协同培养的企业及导师的积极性。再次，高校要优化校企合作教育指导教师的考评标准，切实有效地对教学质量与工作量进行评价，建立高效的晋升机制，激励指导教师重视能力的培养。最后，在分配利益时，要明确高校、企业等主体间的责任，建立健全责任追究机制，激励高校创新创业教育的协同发展。

高校创新创业教育激励动力机制的高效运行离不开政府、企业及高校的共同努力。营造良好的创业环境需要国家和政府在资金与政策方面给予全方位支持与扶持。从国家层面角度制定高校各项创新创业协同运行的新政策。政府主导者制定计划及政策资源，可以积极引导企业和高校参与到创新创业教育活动中。以政府为主导，制定多维协同的创新创业教育模式的激励制度。在多维协同创新创业教育的运行过程中，高校是实现创新路径的主体，而政府则是创新制度的主体，制度的创新可以推动路径的创新，政府作为资源的调配者，应制定有利于学生创新创业发展的激励政策，减少创业风险，提供一定的资金保障。例如，政府可以制定多维协同的育人制度，促进人才培养体系的建立，也可以设计规划创新创业课程，调动各方主体参与创新创业的积极性。同时政府还应通过管理及资源配置等手段，积极协调处理好高校、企业和政府三方的关系，促使创新创业教育合作的顺利进行。

建立健全创新创业的法律法规及政策，鼓励高校毕业生自主创业。政府可以协助高校创办创业竞赛，为学生提供沟通交流的平台，为一些优秀的创业项目提供资金支持，完善创业环境。创新创业教育的运行过程离不开外部环境的支持和创业基金，政府需要优化创业环境，政府可以设立创新创业项目资金，利用财力、技术等资源助力高校人才的创业培养，拓宽创业渠道。

对于高校而言，可以从以下方面完善高校创新创业教育激励动力机制。首先，健全创新创业教育课程体系，使课程更加体系化与系统化。高校学生的创业素质与意识的培养离不开创新创业课程的指导，高校应当健全创新创业教育课程体系，使课程更加体系化与系统化。通过对教学环节及方式的提升，有助于学生创新意识和创业技能的培养。为了解决创新创业教育超越专业教育界限的这一问题，高校要对教学理念进行调整改革，注重基础性的教育培养，将创新创业教育的基础性教育与学科专业教育紧密联系起来。高校要积极开展教学科研实践研究活动，制定教学进度与步骤，通过创业导师的经验传授，让创新创业的学生能够增强自身创业的决心与信念。同时，可以为学生创造良好的创新创业环境，激发学生的创业潜能。

其次，按照国际规范，将创新创业教育纳入人才培养计划中。创新创业的人才培养是一项系统又复杂的工作，其构建需要政府、企业及中介机构多方协同配合，合理高效的运行不仅有利于大学生创业知识及技能的提高，而且有助于创新创业教育的深化发展，更有利于提升大学生创业的核心竞争力，对创新型人才的培养也起到一定的促进作用，为国家"一带一路"的发展战略提供了人力与智力资源支持，有助于推进社会主义和谐社会的发展进程。

再次，构建科学合理的组织机构。构建科学合理的组织机构是高校创新创业教育的组织保障。该组织机构应遵循全面覆盖、统一指挥的原则。校级应当设置高校创新创业调控中心，统筹创新创业教育的指挥工作，同时负责全校创新创业师资力量的培训、分配与调度，实现各方主体间的合理有效沟通。在二级学院设立创新创业办公室，作为师生与高校间的联络中转站，在下属机构设立创新创业发展中心及实践部，强化创业实践能力，加强专业实验室与训练中心的设施建设，通过多形式的教学活动激发学生的创业激情。

最后，培养高质量的创新创业师资队伍。创新创业教育的推广与过硬的师资队伍密不可分，高质量的师资队伍建设需要引进创新创业教育方面的人才，加强师资队伍的创新能力培训，在条件成熟的情况下聘请校外创新创业教育专家开设教学课程，构建一支专职与兼职相结合的高质量创新创业师资队伍。

第三节　调控机制

由于高校创新创业教育在运行的过程中有多个行为主体的参与，各行为主体会因自身利益、情感及认知的不同导致运行过程中的行为冲突，会阻碍高校创新创业教育的发展进程，产生难以解决的问题与矛盾，若要保证正常的运行实施就必须进行合理调控。高校创新创业教育调控机制可以理解为内外各要素通过制定目标、合理定位及发挥作用等调节化解运行过程中出现的矛盾问题。运行情况的调查与目标调整是高校创新创业教育调控机制的核心任务，对于运行状态进行合理的评估可以确保及时发现运行中存在的矛盾问题，保证问题可以在第一时间内得到快速解决。本节将针对高校创新创业教育调控机制的运行进行科学研究，重点分析高校创新创业教育调控机制的调查评估及目标规划调整环节。

一、调控机制调查评估环节

对于高校创新创业教育运行情况进行科学调研及矛盾问题的准确判断都是创新创业教育运行工作调控的重要组成部分，而建立调控机制的重要前提便是制定科学合理的运行情况调查评估环节。对于构建调查评估环节而言，重点在明确"调查评估环节的主体""调查评估环节的对象及内容"以及"调查评估环节的途径及方式"这三大问题。

在建立运行情况调查的环节时，涉及的学校部门以及实践教学活动较为繁多，必须明确调查评估的主体，明晰责任，从本质上对高校领导机构的决策进行指导和管理，为资源合理配置打下良好的基础，以促进创新创业教育水平的高效发展。同时，为了提高化解矛盾问题的效率，在工作领导机构和专家委员会的两个决策主体内部应分别设立运行调查评估部门，这样不仅可以提高反馈效率而且能够保证评估机构的公正性，有利于两个决策主体间的思想价值和理念导向贯彻到工作中去。同时，为了保证评估反馈信息的客观性，还可以引入校外的第三方调查评估机构，这是对评估工作的一大补充。三方的工作性质在一定程度上较为相似，但是侧重点却各不相同，领导机构负责的调查部门主要是从创新创业教育的宏观层面着手，负责整体投资与资源调配。专家委员会负责的评估部门则更侧重于微观角度，例如师生的建议策略及教学科研的设计运行。校外第三方专业评估机构则侧重于创新创业教育的整体运行情况，使其达到理想的目标。

完善的评价环节需要对主体进行定期的综合评价，既包括政府是否能够充分利用自身职能协调各方利益，推行政策的实施，也包含企业是否可以为创新创业的学生提供成熟的实践基地，以及中介机构是否为学生制定了完善的创业服务体系，这些都是评价环节的内容。只有对各主体进行定期核查，才能端正检验工作态度，对各参与主体方起到促进监督的作用。

在调查评估的环节中，若要了解参与主体的主观感受则必须制定合理的访谈纲要，可以通过合理性的访谈形式了解参与主体的意愿感受，对访谈信息进行整理总结。在育人载体和资源投入层面，由于这些评估对象都是客观存在的，其结果具有客观存在性。在此调查环节应当明确调查的标准，具体的课程覆盖范围以及经费投入情况应当纳入评估体系中，从而建立规范的创新创业教育评估体系。在整体成效的评估环节，可以针对不同的教学阶段对参与主体进行认知测量，获取所需的信息数据。在微观角度侧重于对个体现状的调查，而在宏观角度侧重于创新创业教育整体成效的研究。

二、调控机制的协调完善环节

对于高校创新创业教育调查评估主体所得到的反馈信息，调控机制可以利用这些信息协调各方主体对工作规划与行动制定的完善，这有利于创新创业教育运行的优化升级。由于调控机构的调查评估环节所涉及的部门较多，过程中会涉及跨部门合作，因此可以从组织和制度这两个层面对高校创新创业教育进行推进。

跨部门协作的首要问题便是各方利益的不平衡以及目标不一致，一旦两个部门间缺乏协作和沟通，将会影响整个创新创业教育的成效。因此，结合我国高校的实际情况，需要成立一个富有权威性的管理组织来对跨部门协作过程进行完善管理，其职能便是打破部门合作壁垒，加强部门间的交流沟通，最终实现行动的统一性。同时，高校领导及相关职能部门的加入，不但可以提高协同合作管理机构的权威性，更能使得领导机构与各院系部门间达成共识，促使工作的贯彻落实。

多部门间的工作交叉导致跨部门协作的效率降低且易产生矛盾问题。为了消除这种模糊工作职责带来的合作障碍，一是要明确各部门在协作过程中的职责权限，可以利用工作规范将分工制度化；二是可以明确职责主体的工作，加强职责权限难以划分部门之间信息交流的联系及信息反馈，减少和化解工作矛盾。

科学合理的组织框架对于高校创新创业教育调控机制的协调完善有着推动作用，同时在制度方面，还可将工作更加稳固化。高校创新创业教育的跨部门协作若想达到可持续、规范化，既要有规章制度的刚性需求，也要有文化交流的柔性保障。

从跨部门的刚性保障角度考虑，如果仅仅依靠部门间的口头协议和人际主观因素来协调部门间的关系，这样的方法是难以持久下去的，它无法保证高校创新创业教育运行的稳定发展，只有构建出协作部门认同的规章制度进行规范。首先应明确制定机构。高校创新创业教育工作领导机构与专家委员会作为两大决策主体，可以根据相应的决策范围和侧重领域对合作制度进行制定划分。其次是要形成一致的制度体系，由于决策主体的不唯一性，在制度标准方面或许会产生矛盾与冲突，因此在制定协作制度方案时应充分了解双方意愿，加强沟通交流，形成一致的制度目标体系。最后是在充分了解和调研各职能部门及科研教学机构的基础上，建立制度执行的监督机制，通过预警等强有力的手段将协作制度落实到位。

从跨部门的柔性保障角度考虑，一方面文化交流的构建应当以共同的价值取向和理论信念作为基础，不同部门间建立的理念共识应以相同的价值取向为联系，从整体利益最大化的角度出发，制定设计自身的行为目标。另一方面可以构建更多的良性沟通平台和协作机制，拓宽交流沟通渠道，制造更多的常态化对话机会，做到资源共享、信息互助，营造一种良好和谐的文化合作氛围，培养部门间的默契。在此过程中，也可加强各部门合作意识，建立长期有效的互动信任感，有助于构建协作文化生态，满足共同的价值理念与目标追求，通过部门协作的交流互助，可以提高向心力与凝聚力，对于高校创新创业教育的未来发展具有重要意义。

本章以高校创新创业教育协同机制为研究对象，依次对管理决策机制、激励动力机制以及调控机制进行了深入的研究、分析与探讨；结合高校创新创业教育管理决策主体及关系，分析研究了高校创新创业教育管理决策运作程序以及构建原则；结合高校创新创业教育激励动力机制宏观层面与微观层面对构建的基本原则进行深入探讨；结合高校创新创业教育调控机制的目标及任务分析，从主体、对象及内容与途径方式对调控机制的调查评估环节进行了研究，从组织和制度建设层面分析调控机制的协调完善环节。

第四章 创新创业教育协同机制的保障

建立一个完善的高校创新创业教育协同机制保障体系能够保证创业有关教学活动的顺利开展。不同于其他形式的教育，创新创业教育旨在促进人的全面发展并符合经济社会发展的需求。高校创新创业教育协同机制能不能顺利开展，必须聚焦于三个关键点：第一是教学者，组建高水平的教育队伍；第二是教学质量管理，保证优质的教学质量；第三是制度环境，创造良好的教育环境。结合高效创新创业教育协同机制这三个关键点，本书认为创新创业教育协同机制保障体系应包含三个部分：一是教育队伍保障体系；二是质量管理保障体系；三是制度环境保障体系。本章将围绕教育队伍、质量管理及制度环境体系的建设，对创新创业教育协同机制保障体系展开透彻研究。

第一节 教育队伍保障

老师是创新创业教育知识的传播者和实施者，学生创新创业理论知识和实践训练离不开专业老师的指引，要完成创新创业教育相关目标离不开老师的教学实践，组建完备的教育队伍保障体系才能保证创新创业教育协同机制的成功运作。优秀的创新创业型教学队伍是高校创业教育的重要力量，促进优秀教师队伍建设是创业教育协同机制的根本保证。老师是促进创新创业教育的中坚力量，对教学方式的采用，教育质量的完成等各方面都发挥着重要作用。教育队伍建设是开展创业教育的关键所在，高质量、优秀的创业型教师队伍，对转化教育观念和形式，对高校学生创新创业能力的提高，发挥着重要的作用。开展创新创业教育需要一批专业化的教师队伍，组建一支钻研创新创业教学，具有足够经验或兼具经验和科研的教育团队是创新创业教育协同机制的重要保障。

关于教育队伍建设，创新创业教育有两方面特征：一方面是创新创业教育由于开展较晚，在初期推行过程中会出现教师缺乏的情况；另一方面是创新创业教育必须理论联系实际，必须要有理论授课老师和具有丰富创业经验的老师。鉴于这两个特征，本书认为创新创业教育队伍保障体系建设应该包括构建一支结构合理的专职和兼职师资队伍，加强创新创业教育师资建设机制。

一、构建一支结构科学合理的专兼职师资队伍

高水平、高质量的教育团队是顺利开展创新创业教育的关键点，推动优秀的创新创业教育团队建设是发展创新创业教育的前提，老师是促进该教育发展的主要力量。在课程研究、教学方式、教学成效等方面起着重要的作用。为了推动创新创业教育的发展，要招聘高质量的创新创业教育人才，构建一支与时俱进的创新创业教育教师团队，在组建一支高水平的专职教师队伍的同时，还需要聘请一些创业实践型教师，从国内外企业邀请兼具实践经历和理论知识的全面人才，例如成功的创业者、经管行业专家、投资专家等作为兼职教师，通过开展专题讲座的形式，不仅能让本校老师更新其理论知识，还能传授有用的实践经验给大学生，提高学生对创新创业的兴趣和积极性。高校可以和一些国内外企业建立合作联系，合作企业提供一些先进的创业理念和实践项目，利用企业职员讲课、开展讲座、指导实践等形式，培养大学生的创新创业思维能力，提升大学生的创新创业热情，只有这种全面的教师团队才能推动创新创业教育的发展。专职教师主要包括本校专门研究创新创业的老师，兼职教师主要包括其他学校创新创业专职教师以及有创业经验的企业职员和政府职员等。专职教师和兼职教师中学校专职教师主要承担创新创业理论教育方面的职责，兼职教师中有创业经验的企业职员和政府职员主要承担创新创业实践方面的教育。

专职教师队伍建设。高校需要一支专门钻研创新创业教育的师资团队，来对教学理论深入研究，探究学校开展创新创业教育的现状、问题以及解决对策，探究大学创新创业教育进展规律和趋势，为高校创新创业教育变革、进展和实施提出科学的、权威的、有效的理论依据。该团队需要分析目前的就业形势和创新创业形势，探究就业规律和创业政策，总结有效的创新创业办法和技巧，从成功案例中总结创业者的经验，构建创新创业教育理论体系，

编写出实用的学科案例。高等学校创新创业教育专职教师队伍主要包含两类人：一是专门探究创新创业教育的职员；二是探究与创业教学密切相关范畴的职员。

一方面，促进创新创业教育学科发展，构建师资培训平台。创新创业教育的目标、教学内容和形式是独立的，对专职教师团队培训也是单独的。有创新创业教育研究经验的专家成立创新创业教育学科，不仅可以逐步促进创业教育的发展，提出利于创新创业教育实行的探讨结果，而且可以培养出理论知识渊博的博士和具有创业实践本领的硕士。利用强化创新创业教育研究和培训专门教学人员来组织高水平的创新创业教师队伍。借鉴国外高等学校生命教育、创业教育等发展过程，全新教育形式广泛发展的前提是构建独立学科，美国 1980 年创业有关学科的兴盛，促使了近 20 年美国高等学校创新创业教育的快速发展。

另一方面，搭建创新创业教育教师进修培训平台。创业所需要的知识包涵社会学、政治学、经济学、管理学等多范畴，大学创新创业教育与社会学、政治学、经济学、管理学等学科以及思想道德教育都相关联。优秀的教师队伍对大学生创新创业能力的培养，起着关键的作用。但是当前高等学校既有创新创业理论知识又有创业实践经验的专业老师是十分稀少的，大多数老师都只是接受了短期有关教学培训，只能传授基础的创业知识，实践经验不足。如果只传授基础知识，是不能培养大学生的创新创业实践能力的，这是影响高校创新创业教育深入发展的难点。所以，提升创新创业教育老师质量，组建优秀的教师团队是目前迫切要解决的问题。在开展创新创业教育的初期，可以为教师提供进修培训的机会，让他们参加一定的基础知识理论培训，以充分适应创新创业有关科目的教学要求。为了提高师资能力，可以鼓励老师参加国家级的创新创业培训会、地区论坛会、研讨会，选择优秀的老师出国访问学习，感受教育观念和教育方法与国内的不同点。为了丰富教师的创业经历，实施"产学研一体化"模式，将探究结果带入到实际创业过程中，建立学校公司合作项目，使老师参与到经营企业中去。

兼职教师队伍建设。除了组建一支知识广博的专职师资团队外，还需要一支实践经验丰富的兼职教师队伍。兼职教师队伍建设需要具有创新创业能力的教师加入，聘请国内外具备创新创业实践经历和丰富理论知识储备的全能型人才，例如企业家、成功的创业者等。他们作为高校创新创业教育的兼职老师主要以开展专题讲座的形式教育和指导学生，提供直接经验，通过交际和协作，让高校同学能够了解到更多有效的经济管理知识和办法，提高学生创新创业的热情和创新创业的能力，让他们未来创业更加顺利。高等学校创新创业教育兼职教师队伍主要包含两类人：一是其他学校研究创新创业教育的教师；二是有丰富创业经验的公司和政府职员。

构建区域创新创业教育老师共享体制，由于本校可能会存在专业教师不足的情况，高等院校可以联合本区域其他大学建立创新创业教育专业教师资源库，组建师资共享体制，以开放的心态全面机动地运用本地区优秀的教师资源。这不仅可以利用学校之间师资的资源共享来解决教师缺乏的问题，而且可以充分了解到其他高等院校创新创业的优点和特征，提高大学创新创业教育的水平，多种高校创新创业教育形式的交流讨论和相互影响能提高整个地区创新创业的教育水平。构建创新创业校外老师聘请制度，高等学校作为带头人，联合本地政府和企业，建立创新创业教育校外实践基地，聘请有丰富经验的公司及政府职员来担任实践基地教师，他们用自己的经验引导学生，教学生如何将创新创业理论知识与实践相结合。

二、加强创新创业教育的师资建设机制

老师是开展学校创新创业教育的主体之一，担负着培育人才和提升大学生创新创业实践能力和创业积极性的责任。一个国家和地区的教育水平，从根本上取决于教师队伍的整体素质。创新创业教育的教师团队质量会对创新创业教育产生重大影响。组建一支具有创新思维、实践经验丰富和理论知识专业的教师团队是确保创新创业教育教学的核心。借鉴国外高等学校创新创业教育教师团队建设的先进经验，并联系我国自身情况，可以从以下几方面来提升创新创业教育的教师团队质量。

设定严格的创新创业教育老师的聘用条件。目前，我国高校还没有专门的创新创业教育专业，创新创业教育教师非常稀缺。为了确保创新创业教育的正常开展，主管大学生就业部门的老师和一些经济管理学院的老师来担负创新创业教育的教学工作。由于大部分老师没有接受过创新创业教育培训，并且几乎没有创新创业经验，教师团队质量普遍较低，所以在组建创新创业教育队伍时，要挑选高水平教师，可以在学历、专业、创新创业经验等方面设立严格的准入条件，既看重创新创业教育理论知识也看重创新创业实践能

力，不仅重点考察老师的创新创业思维能力、教学水平、知识储备和实践能力等方面，还需要考查最基本的思想道德品质方面，提高入选门槛，挑选出一支高质量、优秀的教师团队。

完善创新创业教育教师团队结构。首先，组建高质量的专职师资团队，学校应该建立创新创业教育老师培训制度，组织教师参加国内外培训活动并鼓励老师去企业挂职获得实践经验，为创新创业老师提供优质的学习环境。其次，充分利用本校各专业教师资源，组建一支拥有不同专业知识的教师队伍来开展教学活动，使创新创业教育师资团队结构更趋于合理化。再次，重视挑选和培养优秀的创新创业教师。依据严格、公平的准入条件，选拔出一支高水平、高质量的优秀年轻教师队伍。最后，组建一支经验丰富的兼职教师队伍，聘请创业成功者、企业职员、风险投资者、经管类专家等来担任高校的兼职教师，来填补高校实践教师的不足，向学生传授创新创业实践经验和技能，给他们提供支持和帮助。

强化教师培训，构建系统的创新创业教育师资培训制度。优秀的教师团队是创新创业教育的基础，挑选和培训教师是组建高水平师资队伍的唯一办法。创新创业教育对老师设定了更高的条件，老师须具备创业基础知识、创业经历和创业能力。强化创新创业教育老师培训，提高老师的综合素质是促进创新创业教育深化发展的关键。教师团队需要从目前的知识型、传授型向创新型、多样型转变，需要重点训练老师的创新思维和实践技能，让他们探究出提升学生创新意愿和思维能力的办法。为了培养教师实践经验，一方面要鼓励老师"走出去"，即选拔优秀的老师与企业一同参与创业实践或者独立创业，充分让老师将理论和实践联系起来，提升教学和实践的综合能力，另一方面要尽力探寻多种创业实践活动，强化国内外创新创业的交流和探讨，组建一支优秀的、高质量的创新创业教育教师团队。

完善老师考评和激励制度，提高老师创新创业教育工作的积极性。绩效考评要依据创新创业教育的特点，综合运用定性与定量的办法考察老师的创业意识、研究能力和教学水平等。老师参加创新创业教学与探究是绩效考核最基本的要求。高等院校制定激励制度，并向取得优异成绩的老师提供一些奖励和表扬。提供实践基地和资金支持给从事创新创业教育研究和创业实践的老师。

第二节 质量管理保障体系

《国家中长期教育改革和发展规划纲要（2010—2020）》中谈到，教育改革的关键任务是提升教学质量，树立以提高教育质量为中心的教育发展观，构建以提高教育质量为方向的管理体系和工作制度。针对高等院校教育改革发展的关键任务是努力提高教育质量。高等院校可以组织创新创业质量保证领导小组和专家小组，利用行政力量和学术权威，协同保证创新创业教育质量。建立行政和学术体系下的教育质量保障体系需要对大学创新创业教育质量进行深入评价和剖析。构建高等院校创新创业教育质量评估制度，是大学创新创业教育质量管理保障体系的重点工作。教育质量保障不仅包括创新创业教育师资、物资等保障，还包括创新创业教育的教学成效保障。

一、创新创业教育教学组织评价

高等院校创新创业教学组织状况的评价主要集中于考评学校对创新创业教育的重视程度和各方面投入情况，评价学校创新创业教育教学组织情况是完善教育改革和提高教育质量的前提。创新创业教育教学组织情况评价的关键是选择科学的评价指标，一般来说选择考评标准可以参考投入、过程和效果。对投入的考评标准主要涉及创新创业教育的各方面投入状况，包含政策保障、教师队伍投入、资金投入、管理人员投入、基地建设投入等方面；对过程的考评标准主要涉及创新创业教育具体课程安排、教学方式、教学服务保障、组织管理等方面；对成果的考评标准主要涉及学生理论学习成绩、能力状况、实践技能等方面。对高等学校创新创业教育组织状况的评价主要是考评高校对创新创业教育的重视程度和投入，本书选择以下几个评价指标具体来说。

政策保障方面。政策保障不仅表现在高校对创新创业教育的行政支持，例如是否组织由学校领导带头的创新创业教师任务领导小组，及时处理与创新创业教育有关的各项工作，高校对此类教育的学术支持；是否构建创新创业教育学术研究的激励制度；是否组建创新创业教育专家小组。

教师队伍投入。教师队伍情况不仅表现在本校创新创业教育专职老师和兼职老师的人数，老师人数的多少可以看出高校开设创新创业课程的多少，表现在优秀老师占全部老师的比例，博士学位老师比重和正、副教授比例。

资金投入。创新创业教育能否顺利开展的核心是资金的投入。高等院校创新创业教育资金投入由两部分组成：一是基础资金投入即创新创业教育研究资金的投入；二是重点资金投入即创新创业开展教学活动的资金投入。其中开展教学活动的经费主要包括显性课程和隐形课程管理运行的资金投入，也包含对优秀人才投资的花费，例如补贴优秀学生参加创业实践比赛所需的费用和创业项目研究经费等。

管理人员投入。创新创业教育管理人员范围很广，即创新创业教育体制中除了教学老师以外的所有人员。他们主要从事创业教育的隐性课程的相关工作，对组织管理人员投入情况的考评，例如是否建立专门的创新创业教育管理机构，管理创新创业教育的职员数量等。

基地建设投入。基地建设包括创新创业教育理论研究基地和创新创业教育实践基地。理论研究基地是建立在校内，学生在理论研究基地学习理论知识。实践基地提供给有创业意愿的学生实践锻炼，该基地一般在校外主要由高校结合政府和公司建立的。基地建设投入的考评标准包括软件标准和硬件标准，软件标准包含基地配有的理论教学老师和实践指导老师，硬件标准包括创业教育基地的个数和基地容纳性。

教育课程安排方面。高等学校创新创业教育的显性课程包括大学必修课、选修课或者辅修课，这些课程能让学生获得创新创业教育的基础理论知识，也包含专业课程、思想道德教育、通识课程等，有利于提高大学生创新创业的能力。制定科学合理的创新创业教育显性课程，课程内容应涉及创新创业理论知识、创业技能要求、目前创业形势等，从传授基础的理论知识到提高学生创新创业的能力再到让学生了解创业的价值，培养创造性思维和激发大学生创新创业的积极性。隐性课程并不是传统课程规划中的大学课程，它培养学生是借助学校文化和学习环境来促进学生综合素质的提升和身心健康的发展。高校创新创业教育隐性课程是在课外开展的，需要学生从学习中学到相关创新创业理论知识。创新创业教育隐性课程不同于显性课程，具有两个特征：一是形式更加多样，显性课程主要采取传统的课程教学方式，而隐性课程要借助于一些课外活动，参加这些活动能学到有关创新创业知识和提高创新创业实践能力，隐性课程的形式非常丰富，如创新实践比赛、参与社团活动、课外实践锻炼等；二是学习过程更加轻松，创新创业隐性课程把创新创业知识、实践能力等放到具体场景中，通过活动展现出来，大学生能够在轻松愉快的环境中获得知识，提高学生创新创业学习积极性。

教学方式方面。高等学校创新创业教育教学方法是指高校为了培养出具有创新创业意愿，掌握创新创业理论知识和实践能力的学生，在教学中采用各种办法将教学目标转化为教学成效。创新创业教学方式应采用传授与启发研究相结合、理论与实践相结合、实践教学、理论传授法、案例教学法、研究型教学、启发教学法等教学方法。

服务保障方面。良好的创新创业教育离不开完善的创新创业教育服务保障体制。完善创新创业教育服务保障体系需要做到以下三点：第一，创建大学生创新创业指导服务中心。指导服务中心一方面可以向创业实践队伍提供经费、场所和人才等支持，另一方面可以强化大学生与企业之间的联系。各学校应结合本校具体情况，设立专门的创新创业指导服务机构，对创业的学生和创新项目提供一对一帮助服务并给予指导，时刻关心他们的未来发展趋势，对于创业失败的学生要帮助分析问题找出解决方法，鼓励他们继续努力。第二，强调创建创新创业教育实践基地的重要性。高等院校应该为学生提供一个将想法转为实际的场所，构建完善的、设施齐全的创新创业教育实践基地。建好创新创业教育实践平台后，充分利用实践功能，扩大受益群体数量规范管理制度。第三，创建创新创业教育信息化服务平台。学校应利用网络和图书馆宣传。在图书馆设置一个创新创业教育系列书籍的书架，书架上面摆放有关创新创业方面的图书和期刊，并且实时更新有关创新创业类的文献资源，让师生享受到各方面的信息服务。

二、创新创业教育教学效果评估

开展创新创业教育是为了帮助高校学生增强创新创业意识和提高学生创新创业能力，让他们树立正确的价值观，积极主动地参加各行业的创新创业实践活动，增强学生的创新创业意识，提高学生创新创业能力。开展的教学活动是否达到教育的目的，达到何种程度即为大学创新创业教育的教学效果。

简单地说，评估教学效果即判定参加过创新创业教育的学生他们的创新创业的意识、积极性和能力是否强于未参加培训的学生。所以，大学生创新创业教育教学效果必须和创新创业教育目标相对应。

为了更加科学合理地评估大学生的创新创业意识和创新创业能力，本书提出创新创业意愿和创新创业自我效能感两个概念。创新创业意愿指的是学生是否有创新创业的想法和态度，大学生对创新创业的积极性。高等学校创新创业教育是帮助学生树立正确的价值观，增强他们创新创业的积极性并让他们有信心参与实践创业活动，培养大学生创新性和独立自主创业意识。高等学校创新创业教育在传授创新创业理论知识的基础上，还要丰富教学形式和更新教学方法，开阔学生的思维，增强大学生创新创业意愿，培养大学生的创新性思维和主动意识。对每个学生来说，培养他们创新创业独立的意识是为了使他们形成独立创新的思维，帮助大学生明确自己的主体角色，激励他们发挥个人主动性和潜力去提升自己的价值，获得进步和发展。

创新创业自我效能感是基于美国心理学家班杜拉在1977年提到的自我效能感而产生的。班杜拉认为自我效能感是个人对自己是否可以完成这件事情的估计和判断，对于很多领域都同样适用，不同领域的含义各不相同。创新创业自我效能感是它在创新创业领域的运用，它的具体含义是个人对自我是否可以实现创新创业目标的判断，反映了个人对自我创新创业能力的肯定程度。可以设计问卷测试个人创新创业意愿，反映个人对自我创新创业能力肯定程度的自我效能感，反映大学生的创新创业积极性和创新创业能力，可以看出创新创业教育教学的成效。对参加过创新创业教育有关课程学生的测量结果进行性别、年龄等基本变量的差异分析，探究不同年级、年龄、家庭环境、背景、专业、性别等大学生在创新创业教育课程中的学习状况，根据这些数据分析，针对不同学生制定不同的创新创业教育形式，提高创新创业教学质量。

第三节 教育环境保障

尽管教育环境对教育的影响是潜在的、间接的，但它对教学效果产生的影响是不可小觑的，是高校创新创业教育协同机制保障体系中必不可少的一部分。日本学者细谷俊夫在 20 世纪 30 年代著述的《教育环境学》中，具体阐述了自然环境、社会环境和精神环境对教育产生的影响。创新创业教育环境是指营造良好的学校创新创业氛围和支持创新创业教育发展的教育环境，是全校师生身处校园中可以感受到的有关创新创业的意识形态、价值规范。教育环境包含学校基础设施，例如教学楼、图书馆、食堂、宿舍楼等；学校环境构造，例如绿化设计、建筑风格、校园规划等；学校规章制度，例如管理制度、发展规划等；精神文化，例如校史、校训、校风等。高校创新创业教育环境保障体系是指创造一个有利于开展创新创业教育环境的一套保障体系。

一、高校创新创业教育环境的作用分析

简单地说，营造良好的高校创新创业教育环境的作用是推动高校创新创业教育顺利开展，保证全校师生在校园中感受到有利于创新创业能力提升的教育意识形态，提高创新创业教育管理效率和教学质量，提升大学生参加创新创业教育的学习成效。下面对高校创新创业教育环境的作用进行分析。

教育环境的价值引导作用。新一代的大学生更倾向于关注具有新时代特点的观念和事物，针对有此特点的大学生群体，应充分发挥教育环境的价值引导作用，在学生身处的环境宣传创新创业的价值观念和意识形态，有利于培养创新创业意识和创新精神，有助于提升大学生对创新创业的积极性，间接影响创新创业教育教学的成效。老师们重视自身的发展，并能认真遵守学校管理制度和贯彻学校有关政策，营造一个创新创业教育的教育环境，对开展创新创业教育教学活动产生积极影响。将创新创业有关要素融入学习氛围中，也可以增强老师创新创业教学工作的责任感，为老师开展创新创业教学活动形成价值引导。

教育环境的目标引导作用。教育环境的影响一般是通过学校宣传、学校活动、规章制度、校风校训等方面，由高校主动组织，体现本校的教学和培养目标，教育环境具有明确的目标引导性，对全校师生起到引导功能。老师和学生更加偏向将高校发展目标和学生教育目标紧密结合，教育环境中高校的目标引导作用会使个人的意识形态发生变化。将创新创业教育的思想观念和利用校园的目标引导功能融入高校教育环境中，进一步提高创新创业教育中学生学习和老师教学的热情。

教育环境的资源集合作用。教育环境具有价值引导和目标引导的作用，可以汇聚潜在的校园共识，提升老师对创新创业教育教学与学生创新创业教育学习的成就感和认可感。在学校中形成一股强大的凝聚力，指引身处教育环境中的领导者、管理者、老师和学生投身到创新创业教育中，为创新创业教育的顺利开展集聚重要的物质和人力资源，保证创新创业教育各个环节稳定开展。

二、高校创新创业教育的生态学分析

马克思主义的生态观中谈到，人类和其他动物是相同的，会受周围的生态环境的影响和约束，却又可以利用劳动改造生态环境和改造大自然，马克思主义认为人类和生态环境之间的关系是相互影响和作用。生态学专家学者也赞同他的看法，学者们认为生态学即探究人类和除人类以外的动物和植物在所处的生态环境中相互影响和作用的关系及影响因素。20 世纪 30 年代，英国生态学家阿瑟·乔治·斯坦利爵士第一次提出生态系统的这一说法，系统全面地探索生态环境，是人类认知生态环境的一大进步，之后生态系统被广泛地运用在各个领域，其中也包含教育方面。受生态学理念的影响，美国哥伦比亚大学教授克雷明在 1976 年第一次提出教育生态学这一说法，并且于1978 年在庆祝斯德哥尔摩大学建校一百周年大会上，发表了《教育生态学中的变革：学校和其他教育者》的演讲，更加鲜明地阐述了对教育生态学的看法。研究教育生态系统的目的是努力让教育活动主体与周围环境的内外部之间共同稳步发展，它的关键在于让教育各个部分相互联系，把教育当作一种健全、复杂、统一的生态系统，教育系统中的各个部分都与其他部分相互影响和作用。

生态学认为无论身处在哪种生态环境中，个人会受到与生态要素有关的影响，个人和生态要素之间不是静止孤立的，是运动联系的关系，具有总体相关性。教育生态系统是把生态学的概念运用在教育中而产生的，在此环境中全体老师和学生是教育生态系统的主体，教育生态环境的生态要素会对全体师生产生影响，老师、学生和教育环境形成了一个互相影响、互相作用的系统。一个好的教育环境会对个人产生积极的影响，同样一个坏的教育环境会对个人产生消极的影响，个人的认知和活动也可以影响教育环境中的其他要素，从而影响到整个教育环境。

高等学校创新创业教育生态系统是由创新创业教育主体和创新创业教育生态环境两大部分组成。创新创业生态系统中的实施者和接受者即为创新创业教育主体，实施者是指高校开展创新创业教育中的负责部门、教学机构、研究部门和师资队伍，实施者的行为活动在创新创业教育生态环境中为创新创业教育课程、活动、教学计划等。接受者是指参加创新创业教育培训的学生，他们从实施者提供的所有教学服务中选择自己所需要的不同形式的教育服务。高校创新创业主体之间关系密切，创新创业教育中的实施者和接受者通过教学活动、教育管理制度等结合在一起，这种联系不仅包含实施者对接受者提供教育服务，还包含接受者对实施者的教学效果反馈。

三、高校创新创业教育环境保障体系的构建

高等学校创新创业教育涉及很多方面和很多要素，是一个复杂且综合的系统。创新创业教育环境与环境中的实施者和接受者之间存在相互影响和相互作用的关系，要保证高校创新创业教育的顺利开展，就需要保证整个教育环境的协调和稳定发展。构建高等学校创新创业教育环境保障体系，一旦过分强调物质方面环境的建设而忽视精神方面环境的建设，有可能会造成推动高校创新创业教育实施的内生动力不足，一旦过分强调精神方面环境的建设而忽略物质方面的建设，有可能会造成高校创新创业教育实施缺乏载体，因此要协调好物质方面和精神方面环境建设，注重合理配置资源，保证双方共同进步。根据协调性的要求，本书提出以相关政策为方向、以环境监测为方法、以资源配置为重点、以教学研究为基础，构建双向发展的创新创业教育环境保障体系，分别从物质方面和精神方面共同推动高等学校创新创业教育环境

保障体系的建立。构建创新创业物质环境是为了保证创新创业教育的顺利实施，构建创新创业精神环境可以提升创新创业教育的成效。具体措施如下：

制定创新创业教育激励政策，提出卓有成效的激励策略。构建对创新创业教育体系中的管理人员、老师的鼓励政策，从考评其对创新创业教育物质方面和精神方面入手，对创新创业教育体系中的学生通过记录学分、奖学金、荣誉奖励等方式调动学生的热情。

加大对创新创业教育环境监管和检测，实时了解教育环境现状。创新创业教育并不是一项短期工作，而是一项贯穿整个培养过程的任务，针对此项工作高校必须构建物质方面和精神方面的监管制度，组建一支专业的教育环境监测团队，利用实地访问、问卷调查、个别访谈等方式，多方面地了解物质和精神环境的现状，实时告知创新创业教育管理部门和研究部门，并针对不同的情况提出相应的解决办法，保证该教育环境能长期有效地促进教学活动的实施。

合理配置创新创业教育资源，合理设计环境建设投入。创新创业教育的资源分配要遵循合理科学的原则，要做好统筹规划，对创新创业物质方面和精神方面环境建设的投入做出合理的考评和评估，避免出现资源分配中的资源浪费和资源不足的现象，重视创新创业教育环境的稳定协调发展。对于具体的创新创业教育资源分配需要专门的管理机制，要构建配置资源的事先计划、事中调整、事后评价这三方面保障体系，事先计划主要是提前估算资源投入和具体配置情况，事中调整主要是指依据对物质和精神方面的资源投入的实际情况做出适当的调整，事后评价主要是利用相关数学统计方法剖析和评价创新创业教育物质和精神方面的投入资源和产出效果。

加强创新创业教育科研工作，事先预估教育环境风险，不同于其他的教育，创新创业教育是现代才兴起的一种教育类型，目前国内对创新创业教育的探究还不深入。强化对创新创业教育的研究，深入认识创新创业教育环境中影响创新创业教育中的实施者和接受者的因素，剖析出这些因素分别对创新创业教育实施者和接受者产生何种影响，可以事先了解到创新创业教育环境中会对教学成果产生不利影响的因素，提出具体的风险防范措施和解决对策，为营造良好的教育环境建立一个专业的智囊库。

四、高校创新创业教育环境保障体系的其他要素

为了保证创新创业教育成功实施和顺利开展，就需要构建一个能促进社会发展和学生自身进步的科学合理的保障体系。保障体系的构建不仅能推动创新创业科研的发展，还可以为创新创业教育指明发展的方向和改进的方法，保证可持续性发展，并充分运用到社会上，促进社会的发展。本书分别从政府、社会、企业和家庭这四个角度，以高校创新创业教育的特征为基础，来阐述如何帮助构建良好的教育环境，完善创新创业教育环境保障体系。

政府的政策支撑。政府在高校创新创业教育保障体系中起着引导、扶持和鼓励的作用，高等学校创新创业教育活动的实施和学生的创新创业实践都需要政府的政策、资源、经费与社会服务部门的支持。

第一，政策法规支持。政府有关机构在出台政策法规时，要多方位了解高校创新创业教育，不能仅从促进学生就业这一方面来理解教育，应该满足市场经济的需要，并为大学生提供有利于其创新创业发展的环境，出台相关的鼓励支持政策。首先，需要进一步强化有关法律法规政策的制定，为创新创业教育的顺利开展提供法律支持，相关机构可以精简大学生创新创业批准手续提高审批效率并出台相关的减免税收等优惠政策。其次，安排有关机构负责创新创业培训指导、政策咨询、后续指导等服务工作。高等学校创新创业教育的成功开展离不开政府在政策法规上的大力支持。健全创新创业政策法规支持体系必须要充分利用政府宏观调控的作用，为创新创业教育提供适宜其发展的政策环境。首先，制定有关创新创业教育的政策，政策应具有针对性、具体性和实践性，不能泛泛其词。其次，整理已经出台的有关创新创业教育的政策并将其归类，确保政策的完整性和连续性。最后，构建创新创业教育政策的监督体系。一方面，通过多媒体等媒介向人们宣传创新创业教育政策。充分发挥网络、电视、广播、报纸等媒体来宣传和推广最新的创新创业教育政策，利用多种媒体扩大宣传范围，聘请专家学者为大家具体讲解和深入剖析创新创业教育有关政策的内涵，使相关受益者可以迅速、精准、全方位地掌握政策内容。另一方面，高等学校、政府、企业之间要构建协调运行体系，明确政策的领导机构，实时监督创新创业教育政策的开展现状并及时反馈信息，健全创新创业教育政策。

第二，经费支持。剖析限制大学生创新创业的因素，可以看出启动经费和后续经费的不足是限制创新创业教育活动顺利发展的重要原因，经费是实施创新创业教育实践的关键因素。政府应加强创新创业教育的经费投入，创建更多的创业基金，来帮助大学生创新创业。政府率先投入资金，为大学生提供创业贷款，加大对大学生创新创业小额贷款资金的扶持力度，扩大贷款的影响范围，鼓励大学生创新创业，为他们解决资金的后顾之忧。另外还要加强对高新技术产业的支持力度，给予特殊和优先的扶持。

第三，免费培训指导。政府要加强对大学生创新创业能力的培训，组织相关责任机构开展培训工作，提供学习场所、能力培训、政策及技术咨询等免费服务。邀请国内外成功企业家、高校经验丰富的教授、政府相关部门经验丰富的职员等担任大学生创新创业指导老师，利用教学、咨询、答疑、案例分析等方法向他们传授相关的创新创业知识和技能，扩展他们的创新创业的理论知识和提高他们的创新创业实践能力。

第四，建立创业教育中介组织。政府应大力支持多种模式的非营利机构，加强对大学生灌输创新创业教育的理论知识和进行实践引导，营造良好的创业环境，鼓励大学生创新创业。规划专门的创新创业实践基地，由政府有关机构和相关教育科研机构组建权威的创新创业教育科研机构，大范围地开展创新创业教育研究，构建我国创新创业教育基础理论机制，在全国各高等学校开展创新创业教学活动。动员社会力量构建独立的创新创业民办教育机构或与高等院校合作实施创新创业教育。大力支持大学生教育中介组织，建设大学生创新创业实践场所和基地，使其成为大学生在创新创业过程中寻找有关企业支持、经费赞助和政策法规咨询的沟通纽带。构建纽带同时评估大学生创业所需要的资金，帮助申请政府小额贷款，为大学生创业贷款担保，为高校的创新创业教育给予一定的帮助，分担教学压力，有效监督教育的实施状况，又能公平地考评创新创业教育的开展情况。

第五，社会的舆论支持。营造一个良好的社会环境才能保证创新创业教育的顺利开展。我国悠久的历史传统文化对培育人才有着重要的影响。在继承和弘扬优秀传统文化的时候，要取其精华去其糟粕，营造一个积极主动、激励创新创业的社会氛围。运用一定的舆论手段指引全社会树立人才评估指标，强调创新创业社会风气的重要性。利用政策法规的出台鼓励大学生的创新创业积极性，出台创新创业鼓励政策和人才培育政策，促进良好的创新创业风气的形成。当前只有高等学校和教育部门比较了解创新创业教育，社会人士对创新创业教育的了解还不够，创新创业教育尚未在社会引起强烈反应，影响范围还很小，只有高等学校的努力，明显独木难支。目前创新创业教育的发展呈现出不平衡的趋势，某些地区发展较好，而某些地区还没有推行创新创业教育。要向全社会推广创新创业教育，让创新创业成为全社会的广泛共识，让创新创业教育成为社会的义务、高校的职责、家庭和个体的自发行为，构建一个利于创新创业教育发展的环境和氛围，促进创新创业教育的实施。

第六，企业的合作支持。创新创业教育不单单指学校提供就业服务，其目标不仅只是提高大学生自主创业的积极性，提高学生创新创业的能力，企业在创新创业教育过程中也起着举足轻重的作用。高校创新创业教育包含理论知识培训和创业实践指导，实践指导是必不可少的，它离不开企业的支持。企业可以为大学生创新创业教育的实施提供指导方法、实践场地、经费资助、项目等支持。企业可以安排一些经验丰富的职员担任高校的兼职教师，为开展创新创业教育提供更多的机会。大学生可以在企业里实际操作一些创新项目，学习创新创业实践经验。另外，企业可以发挥宣传作用，运用社会影响力，来改变社会和家庭对大学生创新创业的态度，帮助大家重新认识创新创业教育，肯定其带来的积极作用，为创新创业教育的实施创造良好的氛围。

第七，家庭的支持。在我国，家庭对大学生成长起着重要的作用，深刻影响着他们的世界观、价值观和人生观，是大学生的经济和精神支柱。学生的创新创业活动不仅需要具备理论知识、创新思维、实践能力等，还离不开家庭的积极支持。大学生的就业观、创新创业素质、个人性格会受家庭背景的影响。父母对创新创业的态度会影响到孩子的态度，假如家庭看好创新创业，并给予鼓励，学生的创新创业积极性就会很高。相反学生的信心会不足遇到困难就会退缩，甚至放弃创业想法。高校要努力做好家庭沟通工作，让家庭积极配合学校的创新创业教育活动，充分利用家庭教育的功能。

综上所述，应该构建以政府为指导，高校为主体，社会积极参加，企业合作支持，家庭全力支持的创新创业教育保障体系，促进创新创业教育新的发展，把我国创新创业教育提高到一个新的水平，进一步健全和完善社会主义市场经济。

第五章　高校创新创业教育资源概述

第一节　高校创新创业教育的教学资源开发

教学资源在高等学校的学科建设、专业改造中具有举足轻重的地位。随着高校招生规模的扩大，教学资源的合理配置成为高等学校生存和发展的决定因素。通过开展创新创业教育教学资源的开发研究，逐渐理清相关概念的内涵和外延，丰富创新创业教育的教育理论。立足整合校内教学资源，开发校外教学资源，实现校与校、校与企业强强联合、资源共享，为高等院校建立基于创新创业能力的教育教学资源开发研究提供成功示范。

一、高校创新创业教育的发展现状分析

创新创业教育属于近年来我国高校教育新的研究课题，是一种新的教育理念。创新创业教育作为普通高校的基本实施策略具备同其他研究对象同样的问题，如内涵的界定、研究对象的界定、课程设置情况及具体实施对策等。"创业教育"这一概念是 1989 年联合国教科文组织在北京召开的"面向 21 世纪教育发展趋势国际研讨会"上第一次被提出来的，在我国是一个全新的概念，主要是指事业心及开拓技能的教育。此概念在 1995 年被联合国教科文组织具体完整地阐述出来，内容涉及求职就业和创设新的就业岗位两项内容，将培养学生的创业精神和创业技能作为高校教育的基本目标。

1999 年教育部制订《面向 21 世纪教育振兴行动计划》，对创业教育做出部署，拉开了我国高校实施创业教育的序幕。具体包括以下几个方面的内容：

一是关于在中国开展创业教育的重要意义的研究；二是创业教育与创新

教育素质教育的关系问题研究；三是创业教育与创业的关系研究；四是创业教育的国际比较研究；五是创业教育的模式、方法研究；六是创业教育在高校开设的课程体系研究等等。

二、高校创新创业教育教学资源开发的内容

教育教学资源是指各级各类学校用于维持教育活动正常运行和维护教育事业不断发展的一切资源，包括各种有形资源和无形资源。创新创业教育教学资源有广义和狭义之分，教育教学资源是指用于教育活动的人力、物力、财力等资源的总称，是人类进行教育活动的物质基础。教学资源研究内容包括创新创业教学资源定义和内涵的界定；利用和挖掘多学科的教学资源，通过现代统计学的方法，构建创新创业教育的学科系统资源；创建学校和社会教师资源系统；创建课堂教学资源整合系统；创建整合实践教学资源系统。主要观点可以概括为六个结合、三个环节和一个整合。

（一）六个结合

第一，将校内与创业教育有关的学科专家资源整合起来，挖掘学校教师资源。高校教师拥有丰富的创业教育知识和实践经验，这无疑是高校创业教育最宝贵的资源。这些师资力量要集中整合，将师资力量发挥最大作用。第二，将校内专业教师和校外企业家结合起来，形成联合授课资源共享与互补的教师团队。高校创新创业教育要重视理论和实践的平衡发展，高校内的教师会提供给学生充足的理论知识。在传授理论课程时，校内教师是最基本的授课资源，而校外的企业家拥有丰富的就业创业实践经验，在创业教育方面更具有发言权，他们的授课方式会让学生更容易吸收和接受，也会给学生带来全新的课程体验。第三，创建校内模拟创业实验与到企业实践结合起来，充分利用开发校内有形资源和校外企业资源，以弥补高校创业硬件的不足。将创业理论与创业实践结合起来，既注重理论的系统梳理，更重视实践环节，创建学生创业培训基地，组织学生创建微型公司等。创建模拟创业实验与到企业实践是对学生创业能力的两个阶段的培训。建立实践基地平台是让学生在学习理论知识后能充分利用实践来巩固所学知识加深理解，而学校内部资源毕竟有限，模拟实践平台不能完全复制出社会创业实践的情景，到校外企业去实践就可以弥补高校资源不足，可以深层次地让学生得到实践锻炼。第

四，将教师的授课与企业家、创业者的演讲结合起来。高校的创新创业教育形式要多样化，不仅要有教师的课程传授，也要有企业家和创业者的报告会和演讲。报告和演讲是最能激发学生创业意识、创业激情也是接收到新鲜创业知识的一个课外平台。将教师的基础授课和校外企业家的演讲及报告相结合，多种形式让学生接受创业教育的培养，充分利用校内校外的资源。第五，将提高学生的创业能力、创业技能与培养学生的创新精神，提升学生的整体素质结合起来。高校学生创业综合素质包括创业能力、专业实践能力、创业技能这样的硬性指标，还包括创业意识、心理素质、道德品质等的软性指标，只有综合素质得到提升，学生的创业能力才能得到真正意义上的提升，自身的创业竞争力才会增强。第六，将经济学、成功学、管理学、心理学与创业教育结合起来，注重学生"理商"（抗挫折能力）、情商的培养，激励学生个人潜能的发挥，最大限度地激活学生的创造力。学生创造力和创新思维的培养不是一日就能促成的，要在平时的培养教育过程中潜移默化地培养学生的抗压能力、高情商和激发大学生的潜能，培养学生创造性思维。

（二）三个环节

第一，强化教育环节的资源开发。教育学生，职业、择业、创业是相互联系的，只有大学生树立了正确的择业观念，才能有助于自己职业能力的培养，才能知道自己能干什么，该干什么，如何塑造和培养自己。教育环节就是不仅要对学生进行创业能力的培养，还要对大学生观念行为上做出指导。大学生创业观念的形成是创业教育运行的重要环节，就业、创业是供大学生选择的平等机会，要培养学生对职业选择有深刻的认识和了解。通过这一环节，充分发掘丰富学校的教育功能资源。第二，强化教学环节的资源开发。逐步将教学内容系统化，同时采用大学生喜闻乐见的讲授方式，在课堂上不仅要实行双导师制，而且还要积极组织课堂讨论、实际模拟、辩论等方式，使教学环节发挥创业教育主渠道的作用。同时，教学环节的资源开发要重视课程体系建设和教学组织体系的建设，完善和构建高校创业教育课程体系，建立创业教育基础理论课程、核心理论课程、实训课程、模拟实践课程及创业教育赛事指导等课程和创业拓展课程体系。对现有大学生创业教育课程增加课时，不依托各校大学生就业指导课，要自成体系，单独排课。创业教材要与时俱进、科学、实用，由浅入深，通俗易懂。创业教育要根据不同年级、不同专业开设创业基础课和核心课、创业拓展课和实训课等，每个年级开设课程有所不同和侧重。第三，实践（课余）环节的资源开发。注重利用课余时间，追踪学生的思想行为轨迹，让学生在课余时间消化理解实践课堂所学的知识。

（三）一个整合

将学校和社会的有形与无形教学资源统一整合在一起，形成创新创业教育教学资源系统，创立高校创业教育的教育养成模式。创业教育重在将理论与实践相结合。创业资源的开发是"软硬"教学资源的结合，是校内校外的教学资源的结合。研究高校创新创业教育的教学资源开发是根据高校创新创业教育教学资源的实际情况，对高校创新创业教育教学资源进行系统详细的深入研究，以便对现有的教学资源进行系统整合，并在整合的基础上进一步对教学资源进行探究式开发，使创新创业教育教学资源能够广泛的被高校发掘。对高校创新创业教育教学资源的整合和开发目的是对高校创新创业教育教学资源达到合理有效地利用，为推动高校创新创业教育的发展做出一定的贡献。创业教育资源整合是服务创业教育的一项活动，资源整合的总体目标就是充分挖掘高校内外一切可以利用的教育资源，将其纳入创业教育体系中，对资源进行科学整合、配置、优化重组，实现资源的最大效益。创业教育资源的整合应该紧紧围绕创业教育发展的需要。根据开展教育时间的递进性，首先，要整合文化资源，营造创新创业的校园文化氛围，激起学生创新创业的激情和热情；其次，要整合课堂教学资源，为学生创业奠定知识基础；最后，整合实践资源，使学生获得运用知识解决实际问题的机会，提高学生对创业行为的认识和驾驭能力。

三、高校创新创业教育教学资源开发的实施对策

我国高校创新创业教育的教学资源研究目前还处于初级阶段，尤其是在以高校创新创业教育为背景下，研究教学资源开发更是具有开创性，不能局限于传统的研究方法和框架，需要有创新的观点和独特的研究视角为高校开展创业教育和创新创业教学资源开发提供借鉴。

（一）创新创业教学资源的研究方法、思路和内容

结合当前国际教育前沿理论，运用科学计量学中的可视化技术，对高校创新创业教育资源开发的相关学科、相关创业教学资源进行整合和开发。将高校创业教学资源的外延与内涵进一步丰富和完善，强化学科的整合、师资的整合、教学"软硬"资源的整合、校内与校外的整合。研究思路、研究方法、技术路线和实施步骤大致可分为四个部分：一是教师资源的开发；二是教学环节的资源开发，包括课堂教学环节上各相关学科资源整合的开发；三是教学实践环节的资源开发；四是思想观念教育环境氛围的开发。四个部分内容是相互作用、相互影响，这样整合的结果可以实现高校创新创业教育的教学资源的有效开发与充分利用。

（二）创新创业教育教学资源开发的课程体系建设

课程设置是创业教育教学改革的重要步骤，也是基础性建设目标。课程设置是否合理可以影响到教学资源是否可以得到充分利用。高校应合理安排创业教育的课程设置，将一切与创业教育有关的教学资源充分调动起来，灵活运用于教学之中。课程体系的建设要特别重视创业教育的理论性课程和实践性课程的有机结合，让理论和实践平衡地发展，且同时要注意协调课程设置中文理课程的比例，使学生得到充足的综合教育发展。课程设置要使创业教学、教学科研、创业能力和综合素质平衡发展。创新创业教育一定是要区别于传统教育模式，课程设置一定要突出实践课程的重要性。广泛建立实践平台，让大学生在接受理论教育后有充足的平台来用实践证明所学知识，用实践证明理论，用理论指导实践，再通过实践获取新的理论。

（三）创新创业教育教学资源开发的师资团队建设

高校创业资源的共享首先应是创业师资队伍的资源共享，通过鼓励教师跨校互聘、跨校兼课，充分发挥各校创业教育学科名师的优势。高校创新创业教育需要破旧立新、与时俱进，不应该被传统教学模式所约束和束缚。创业师资是高校创业教育实施的主体，老师直接接触学生，直接对学生产生创业影响和作用。创业教师和创业师资团队建设的好坏在高校创业教育中的作用是显而易见的，老师对学生讲什么、怎么讲，采取何种方式讲，怎么带学生开展创业实训、实践，怎么指导学生创业设计、参加创业大赛。良好的创

业师资团队对创新创业教育教学资源的开发有着重要的作用，在创新创业教育教学资源开发的师资团队建设中，学校要加强创业师资队伍的建设质量，无论校外招聘还是本校培养，既要注重创业师资具有丰富的专业知识和实践技能，又要注重年龄、资历、学院结构、职称等多项要素综合考量，特别要注重创业师资对大学生的创业意识和企业家精神培养。

（四）合理整合和开发创业教育教学资源

整合高校创业教学资源，调整资源系统不平衡，紧紧围绕创业教育的需要，文化资源、教学资源和实践资源共同整合，创造有利于创业教育发展的文化氛围和教学秩序的实践平台。不仅高校内部的资源要整合，高校之间的资源同样要整合和共享。打破高校教学资源流通的壁垒，开放相关数据信息，共建共享高校优质教学资源。

高校创新创业教育的教学资源开发要重视理论与实践相结合，结合自身特点和优点，充分对教学资源进行整合和再发掘。加强信息资源平台建设，使创业教育信息资源得到充分利用。高校需要对创业教育的资金筹措和合理利用进行严格规划，高校的师资质量也需要高校的严格把关。师资是教学资源的基础，组建有专业实力又具备优秀全面素质的教师团队，对高校的创新创业教育来说是最宝贵的资源和财富。

高校创新创业教育的教学资源开发需要高校内部各部门齐力配合，将现有资源充分整合，并不断扩展资源。将社会资源和校外资源等高校创业教育中所需的资源吸纳到高校之中为高校创业教育所用。只有高校创新创业教育教学资源开发问题得到彻底解决，高校的创新创业教育才能顺利发展。

第二节 校友资源整合下高校创新创业教育师资建设

高校具有丰富的校友资源，他们中有大量的创新创业成功者和引领者，本章从校友资源角度出发，研究校友资源在高校创新创业教育师资中的作用。

一、校友资源和创新创业师资队伍的内涵

创新创业教育就是要培养具有开创性的人才，既包括首创精神、冒险精

神、创业能力、独立工作能力以及技术、社交和管理技能的培养，也指一种以培养具有创业能力与素养的人才为基本目标与方向的新兴教育模式。从某种意义上讲，创新创业教育的本质为实践性教育，重在培养符合时代要求社会需要的应用型人才。高校中大批优秀的创业校友正是这一教育模式最具影响力的代言人。

（一）创新创业导师

创新创业导师是指能为高校学生、在孵项目、企业、自创业者提供导向性、专业性、针对性、实践性指导的教师。创新创业导师有两重身份，分为"导"和"师"。"师"则是教师，启蒙受教育者心中的"创新种子"，努力将学生培养成"三创型"人才，即具备"创新意识、创新素质、创新精神"的创新型青年，并向大学生传授创新创业理论知识。"导"则是引路人，为有创业想法的学生传授实践经验、管理和决策技能，提供适当的建议和思维方式，并在学生创新创业过程中进行方向引导，帮助学生将创新想法转化为创业行动。因此，建设一支高水平、多元化的创新创业师资队伍是深化高校创新创业教育改革的有力保障。

（二）校友资源

校友资源作为高校特有的人才资源，是高校毕业生的价值总和，包括人力、智力、财力、社会关系等宝贵资源。优秀校友是高校培养出的高素质、高修养的人才，在高校师资队伍优化，学生思想素质提升等方面发挥重要作用，他们将成为新时期高校创新创业教育师资队伍中的新鲜血液，是高校创新创业教育师资队伍的重要组成部分。

二、校友资源融入高校创新创业教育师资队伍的意义

校友资源是高校得天独厚的人才资源，也是高校创新创业教育师资队伍中坚实的力量。将校友资源引入高校育人过程，并整合到创新创业教育师资队伍建设中，对激发高校学生创新创业热情，提升创新创业师资队伍整体水平以及推动高校创新创业教育发展具有重要意义。

（一）有利于拓展高校大学生创新创业思维的广度、深度和高度

开展大学生创新创业教育的目的就是培养大学生创新思维。创新思维的

深度引领创新的高度，创新的高度决定创业项目的核心竞争力。创新思维具有可塑性，可通过后天学习和训练在原基础上进行提高。对"创客"而言，创新思维就是他们创新创业过程中的必备武器。高校创业校友经过多年的商业历练，有着丰富的企业实践经历，他们自身的创业经验和实践优势可帮助在校大学生拓宽创新视野，拓展思维广度、深度和高度，这是高校大学生创新思维培养最具说服力的师资。

（二）有利于提升高校创新创业教育师资队伍质量

创新创业师资队伍是创新创业教育顺利开展的关键，是创新创业型人才成功培养的重要保障。目前国内高校创新创业导师绝大部分为本校教师，普遍缺乏创业实践经验，不能及时掌握社会市场变化信息，这两方面的不足是制约高校创新创业教育快速发展的重要因素。高校拥有众多优秀的创业校友，他们所掌握的市场信息和创业实践经历是高校校内教师无法比拟的，如能吸引创业校友来校担任创新创业导师，不仅有利于优化高校创新创业教育师资队伍结构，提升创新创业师资队伍水平，而且有利于促进"产学研校企"合作，推动母校与校友的共同进步和发展。

（三）有利于推动高校创新创业教育的快速发展

高校创新创业教育的目的在于激发大学生的创新创业热情，培养大学生的创新思维，解决大学生就业难的问题。将校友资源融入高校创新创业教育将推动高校创新创业教育的快速发展，提高创新创业教育质量。优秀创业校友的事业成就和品德修养是在校大学生学习的榜样，对学生的学习成长具有榜样示范作用。目前许多优秀校友纷纷在母校设立创新创业种子基金，帮助和支持大学生开展创新创业实践，调动在校大学生的创新创业积极性，帮助大学生实现从"创新思考"到"创业实践"的跨越。

三、校友资源整合下创新创业教育师资队伍建设的建议

2015 年，国务院办公厅印发《关于深化高等学校创新创业教育改革的实施意见》明确指出，要深化高校创新创业教育改革，加强创新创业教师队伍建设，打造一支创业教学和指导、专职和兼职、理论和实践、校内和校外结合，具有较高素质和较优结构的创新创业教师队伍。

（一）遴选优秀校友导师，优化师资队伍

创新创业导师是深化创新创业教育改革的主导力量，打造一支卓越的创新创业师资队伍应从"双创"导师遴选开始。高校应建立健全高校"双创"导师遴选制度，用"严制度、出高师"遴选要求和"大视野"原则，将知名科学家、创业企业家、优秀校友、风险投资者、政府部门高管等各行各业的人才纳入遴选范围，遴选出符合本校创新创业教育实际发展需求的优秀"双创"导师。

（二）开展"双创"教育培训，提升师资水平

创新创业项目不仅要有创新性、新颖性，更要有社会价值。然而，社会的发展需求是瞬息万变的，创新创业导师唯有及时跟上社会发展变化的步伐，才能保证授课时分析的案例，引入的想法足够新颖，对学生创新创业项目的指导更高效、更具时代感。高校应定期组织创新创业导师培训班，邀请国内外知名专家授课讲学，让"双创"导师接受最新的创新创业理念和知识，支持鼓励"双创"导师参加 KAB 创业教育培训，开展"创业讲堂""创业俱乐部""创业学堂"等交流活动，组织校内外"双创"导师经验交流会，共同建设专兼职"双创"导师精品课程，促进创新创业教育理论与实践结合，提升创新创业教育师资水平。

（三）搭建"双创"孵化平台，完善工作机制

高校作为创新创业教育的主体，应积极搭建一个集政策扶持、创业指导、创业培训和综合服务为一体的大学生创业孵化服务线上线下互联互通平台，探索"高校建立创客空间、企业设立种子基金、学生孵化项目"的"双创"孵化模式。制订大学生创新创业训练计划方案，鼓励开展创新创业训练与实践，增强大学生创新创业实践能力，积极培育创新创业市场项目。出台创新创业教育管理和激励办法，激发高校专兼"双创"导师的创新活力和创业热情，探索建立高校"双创"专兼职导师双向流动的机制。制定孵化平台项目成果优先转让、优先共享等科技成果转化优惠措施，吸引更多校友企业在高校设立创新基金。

（四）挖掘校友"双创"资源，促进共建共赢

校友资源不仅是高校巨大的品牌资源、信息资源、财力资源，更是高校重要的教育资源、就业资源、"双创"资源。近年来，各高校越来越重视校友资源的开发和利用，越来越多的创业校友积极参与高校的创新创业教育。高校应充分发挥思想方位引领、教学内容创新、优秀师资整合方面的优势，建立健全校友资源管理制度和校友工作运行机制，鼓励支持校友企业在母校设立创新创业教育基金或实验班，构建校企协同育人机制，探索开展校企合作人才多元化协同培养模式。母校将校友企业作为创新创业教育示范基地，支持深化产教融合，构建创新创业链联盟体，促进创新创业成果转化，实现共建共赢。

第三节　"大众创业、万众创新"与高校创新创业教育资源

一、优化配置创新创业教育资源的意义与研究现状

目前，我国高校毕业生就业压力较重，创业需求虽然较高，但高校毕业生在创业过程中缺乏实践经验支撑，这对高校创新创业教育提出了更高要求。如果大学生能在高校接受系统、全面、实用的创新创业教育，将有利于促进创新创业活动的开展。高校要优化配置教育资源，提升高校教育资源使用效率，推动社会资源参与高校创新创业教育，提高大学生创新创业的理论素养和实践能力，推动"大众创业、万众创新"。

当前，对优化配置高校教育资源的研究非常丰富，国内学者从高校教育资源配置的概念、资源配置方式、存在问题及应对措施等方面，对不同地区、不同时期、不同学科范围的教育资源优化配置问题进行系统研究。还有学者从高校在创新创业中的优势与劣势，校内创新创业网络资源整合和平台建设等方面进行研究。

二、高校创新创业教育资源及优化配置

高校教育资源不仅包括高等教育投入的人力、物力、财力等有形资源，

还包括与之相匹配的知识和理念、信息和管理制度、技术和文化传统等隐性资源。高校创新创业教育资源是否得到有效配置，既包括显性的硬件资源是否得到优化配置，也包括隐性的资源是否协调一致。

在高校教育资源配置过程中，市场和政府各自发挥着重要作用，而对市场和政府哪一方在高校教育资源配置中起主导作用一直存在争论，实质就是教育资源配置的效率和公平之间的权衡问题。人们普遍认为，基础教育和义务教育领域应该更加注重公平，在高校创新创业教育等非基础教育的某些领域，可以把效率放在更高的位置。高校开展创新创业教育的目的有两个：一是培养大学生的创新意识，二是推动大学生创业就业。创新创业教育作为通识课应该重视公平，而作为实践课应该更重视效率，更加重视市场因素对创新创业实践教育资源配置的作用。

高校创新创业教育应该包括创新意识、理论教育和创业实践教育两个方面，前者可通过传统的讲授方式传达理论知识启发创新意识；后者则需要校内外教师、企业家、专业培训师等，通过寓教于行的方式，用案例教学、经验交流分享、沙盘模拟演练、角色扮演等方式，在校内或实践实训基地开展。通过创办真实的企业，建设大学生创业园进行实践培训。创业实践课堂应该模拟出真实的创业环境，让学生在实践过程中体会、感受、探索，提高创新创业素质和能力。高校创业实践教育对师资和教学场地等硬件设施都提出了新的更高的要求。

（一）高校创新创业教育师资资源的优化配置

教师是高校创新创业教育隐性资源的重要组成因素。高校创新创业教育的教师资源主要来自校内教师和校外企业家，前者侧重理论教育，后者侧重实践训练。校外企业家的选拔聘任、考核评估、监督管理等，需要投入相应的人力、物力和财力，为使这部分投入不挤占有限的高校教育资源，就需要通过市场途径加以调节。高校创新创业实践教育中的教师资源配置效率是检验校外资源利用效率的一个重要指标。对高校创新创业实践教育教师资源配置效率的监督控制，应该从产出类型、数量等方面确立考核指标。

（二）高校创新创业教育硬件设施的优化配置

对创新理论教育和创业实践教育成效有直接影响的，除了教师因素，还有教室、设备等硬件设施，以及规章制度、文化理念等因素。对很多高校来说，硬件设施的配套建设，尤其是办公场地建设，许多高校很难单独开辟专门的创业教育实践场地，最常使用的方式是把创业实践教育课搬到常规课堂上，利用现有资源进行传统的课堂教学，授课效果距离创业实践要求肯定有巨大差距。高校创新创业教育要耗费很大的人力、物力、财力，而大学教育不能像社会培训一样只重视某一个领域，即便大学分专业进行教育，也要重视学生的综合素质培养。

第六章　高校创新创业教育资源建设研究

第一节　资源整合共享与高校创新创业教育

深化创新创业教育改革是高等教育综合改革的重要领域，是国家实施创新驱动发展战略，促进经济提质增效升级的迫切需要，同时也是高校提高人才培养质量，促进毕业生更高质量就业创业的重要举措。高校内外拥有着丰富的创新创业教育资源，但由于缺乏对资源的整合，资源分散、闲置、低效使用等情况非常严重，制约了创新创业教育的健康发展。《国务院办公厅关于深化高等学校创新创业教育改革的实施意见》（国办发〔2015〕36号）指出，要集聚创新创业教育要素与资源，统一领导、齐抓共管、开放合作、全员参与。2016年5月，中共中央国务院印发《国家创新驱动发展战略纲要》指出，要跨区域整合创新资源，互联互通创新要素。党的十九大提出，要坚定实施创新驱动发展战略。为了完善高校创新创业教育体制机制，切实提高高校创新创业人才培养能力，高校有必要树立起资源整合共享的理念，大力推进高校创新创业教育改革，探索资源整合共享的实施路径，构建全员全过程全方位创新创业教育格局。

一、资源整合共享的内涵和主体分析

（一）资源整合共享的内涵

资源整合是指将资源进行调整和配置，以实现某种活动的过程。资源共享则是指在不改变资源拥有方利益的前提下，减少资源重复建设，实现资源对外开放利用的过程。资源整合共享是指通过一定的政策、机制、组织、体制等方式实现资源的共建、共享、开放的资源高效配置方式。高校创新创业

资源整合共享则主要强调将高校内部以及高校与政府、企业、校友等校外资源进行重组与整合，按照不同资源的服务范围以及空间联系，整合形成一种脉络分明的有机整体，使资源的配置达到或接近最优状态，实现资源分级共享的目标。高校创新创业资源整合共享本质上是为了提高高校内外部的资源利用效率，途径是通过对不同来源、不同层次、不同结构、不同功能的资源进行识别与选择、汲取与配置、激活和融合，使其形成一个有机整体，实现资源的再创造、再平衡、再分配，进而从整体上推动高校创新创业资源在创新创业教育过程中发挥最大价值。

（二）资源整合共享的主体分析

资源整合共享是一个复杂的系统，包含多个主体。从资源的来源上分类，可以分为政府资源、高校资源、社会资源等。政府资源主要包括政策资源、平台资源等。政府出台的创新创业政策包括创业扶持机制和税收政策等，都是引导高校开展创新创业教育及大学生开展创新创业活动的重要依据。政府主导建立的各类创业园区、孵化基地、双创基地等都汇聚了大量资金、人力、政策的平台资源。高校资源是高校开展创新创业教育的主要依托资源，包括创新创业课程、师资、文化、科技成果转化体系、指导服务体系、孵化体系、第二课堂等，这类资源的整合共享对高校创新创业教育起着决定性作用。社会资源包含内容较为广泛，包括各类创新创业社会群体或组织的资源、各类企业的资源等，企业在生产经营过程中，需要将自身的资源转化为生产力，同时又需要通过资源整合共享来提高生产力。

二、目前高校创新创业教育资源分配存在的问题

目前，各个高校都采取一系列措施推动创新创业教育，但是由于没有考虑到校内外资源的整合共享，尤其是校内资源的整合共享，导致各校创新创业教育模式差别较大，创新创业教育水平参差不齐，没有形成体系化、系统化的创新创业教育工作格局。各高校在创新创业资源分配中存在的普遍问题如下：

第一，高校存在创新创业教育多头管理、资源分散的问题。高校创新创业教育牵涉到学校诸多部门，使得有限的创新创业资源分散到各个部门及院系之间，导致创新创业教育资源被割裂。高校缺乏统一的职能部门来领导并

开展创新创业教育,领导机制不健全,机构设置不合理,缺少科学的管理机制,职能部门之间缺乏协调,导致多头管理现象严重,教材、课程、师资、实训和实践等管理部门多,人力、财力和物力等资源缺乏统一规划,得不到有效利用,致使现有的创新创业资源不能发挥应有作用。高校内部职能部门之间,部门与学院之间在创新创业教育认识和工作方向上不统一,校内创新创业资源难以实现共享,造成资源失衡和浪费。

第二,高校在课程方面存在专业教育资源和创新创业教育资源分化的问题。目前,高校在教育教学过程中,主要集中于讲授专业领域相关理论知识上,较少涉及与创新创业相关的实践内容,很少从专业课程中开发出创新创业教育资源。尤其在一些理工科专业教学中,教师主要讲授书本内容,解答学生在理论学习中出现的问题,虽有教学实践环节,但是学生往往被引导按照既定方案和流程来完成学习内容,教师对学生创新创业实践指导不够,缺乏对学生创新意识和创新能力的培养,缺乏对学生启发性和探究性思维的训练,导致大学生开展创新创业实践缺少经验、技术积累。受高校职称评聘科研激励制度的影响,资金较多地流向科研领域,导致教学领域经费不足。从专业教育资源中开发创新创业资源的成本变高,造成专业教育与创新创业教育脱节,专业教育资源与创新创业教育资源分化。

第三,高校在师资和资金方面存在校内资源与社会资源分离的问题。目前制约高校创新创业教育改革的一个主要方面就是人力资源的不足,尤其是师资力量不足。高校创新创业师资缺少实践经验,高校担任创新创业课程教学的教师大多无创业、管理和经营经验,实践操作能力较低。教师的授课方式也往往是"照本宣科",无法做到理论联系实际,限制了学生在课程学习过程中创新创业意识的激发。社会上的创业导师具备一定的创业素养,拥有社会经验且熟悉企业经营的各个环节,在实践方面有丰富的经验。校外兼职教师的缺失往往会导致学生无法获得创新创业的第一手资料,导致学生创新创业实践与市场结合不紧密,脱离实际。

三、资源整合共享视角下高校创新创业教育路径分析

为解决高校创新创业教育资源分配出现的问题,高校作为开展创新创业教育的主体,有必要充分整合校内外各类创新创业资源,推动资源科学配置

和优化重组，实现资源共享，使资源发挥出最大效用。在资源整合共享的过程中，要遵循创新创业教育规律，坚持开发和探索相结合、校内和校外相结合、理论与实践相结合等原则，具体可以从以下几个方面来分析。

（一）创新创业教育组织管理机构的整合共享

高校创新创业教育离不开专门的组织管理机构，如果高校内部部门之间权责不明，相互推诿缺乏合作，就会造成创新创业教育难以形成合力，所以，构建集中统一领导的创新创业教育管理机构势在必行。我国一些高校都成立了创新创业教育指导委员会、创新创业学院、创业学院等创新创业教育组织管理机构，主要包括三种类型：点状结构、虚拟星形结构、星形结构。从效能来看，具有专职机构且核心节点为就业部门的星形机构覆盖面较大、效能较明显、认可度较高。创新创业教育组织管理机构要着力于整合教务处、学生处、财务处、团委、校友会等部门各类资源，协调开展创新创业教学、学生指导服务、融资、竞赛、实践平台建设等工作，保证各部门将资源集中到创新创业教育中来，使各项创新创业工作有序、高效、常态化开展，形成适应高校实际的创新创业教育资源整合共享体制机制。

（二）创新创业教育人力资源的整合共享

人力资源是高校创新创业教育的瓶颈之一，具体包括教师资源、学生资源以及归属于校外资源的人力资源，如校友资源、企业家资源等。面对高校师资资源不足的问题，整合共享创新创业教育人力资源显得非常重要。一要实现校内人力资源和校外人力资源的整合共享。要建立专兼结合的创新创业师资队伍，鼓励校内教师参与校外企业管理和技术革新，将理论与实践相结合，鼓励教师参加创新创业实践，积累创新创业第一手资料和经验。同时要聘请校外有丰富创新创业经历的企业家、技术和管理人员、政府和社会组织的相关人员担任兼职教师，参与创新创业教学和实践，弥补高校师资力量不足的问题，实现校内外的人力资源整合共享。二要实现课内人力资源和课外人力资源的整合共享。高校除了要运用课程开展创新创业教育，还要在课外开展各类创新创业活动，而学生在创新创业活动的开展过程中起着重要作用，一个创新创业成功的学生可以形成辐射效应，带动一批学生创新创业。要加强大学生创新创业社团的建设，使其成为开展创新创业活动的主体，调动学生创新创业兴趣，使课内外的各类人员都能参与到创新创业实践活动中来。三要实现国内人力资源和国外人力资源的整合共享。高校要"走出去、请进来"，加强与国外高校和机构的联系和合作，共同培育创新创业师资，引进国外优秀教师，选派本校教师赴国外培训进修，通过国际会议、论坛、讲座等形式，学习创新创业前沿理论、成果和资源等。

（三）创新创业教育平台资金的整合共享

实践环节是创新创业教育必不可少的一部分，加强创新创业平台的整合共享至关重要。一要加强实训平台的整合共享。对校内实训平台，要挖掘各类学科专业实训平台、实验室的创新创业教育功能，进行有效整合，实现面向全校师生的开放共享，服务于创新创业实践活动。大学生可以利用实训平台开展创新创业竞赛、技术落地，提升学生创新创业能力。对校外实训平台，高校要加强与地方政府的政策对接，挖掘地方资源，立足高校实际，打造服务地方经济发展和学生能力提升的实训平台。要加强与企业的交流，依托企业资源，开辟实习基地，打造校外创新创业实训平台。二要加强孵化平台的整合共享。针对有市场前景的创新创业项目，要遴选孵化平台，加强扶持使其发展壮大。整合校内创业孵化园、大学科技园等资源，对初创型企业加以扶持，同时要深化"校地"协同，利用政策优势，打造"政产学研"基地、大学生创业园、创新创业街区等创新创业平台，实现平台的共建共享。三要加强创新创业资金的整合共享。创新创业基金是创新创业活动的关键支撑，要加强资金融通。一方面，要整合校内各种创新创业资金，建立资金支持体系，降低大学生创新创业成本；另一方面，要整合各方资源，吸引社会资金支持创新创业。例如，通过校友捐赠，成立大学生创新创业基金，推动科技成果转化为经济效益，通过创新创业项目路演、洽谈会、对接会、竞赛等形式，为大学生创新创业项目提供展示平台和融资渠道，吸引政府企业来校设立创新创业基金，积极为大学生申请各类创业贷款等。

（四）创新创业文化资源的整合共享

高校创新创业文化发展水平影响着创新创业教育水平，良好的创新创业文化氛围可以提升学生的创新创业兴趣，激发学生的创新创业热情。实现创新创业文化资源的整合共享能有效推动高校创新创业教育发展。首先要加强国家和地方关于大学生创新创业的政策宣传，加强对社会优秀创新创业典型的宣传，邀请优秀创新创业代表来校参加讲座、授课等活动。另外学校要建立激励机制，出台休学创业、学分兑换等相关创新创业支持政策；要整合校内各种宣传平台，如公示栏、网站、报刊等开展创新创业宣传；要利用表彰大会、先进事迹报告会、经验分享会等形式树立和宣传创新创业典型，弘扬创新创业精神；要利用"挑战杯"全国大学生课外学术科技作品竞赛、"创青春"全国大学生创业大赛、青年创客大赛等各类创新创业竞赛以及创新创业奖学金评选、创业项目路演、创业基金评审等创新创业活动营造浓厚的创新创业氛围，形成大学生竞相创新创业的生动局面。

第二节　终身教育的高校创新创业学习资源库建设

在"大众创业，万众创新"的新常态下，作为人才培养和输送基地的高校更需要加强对创新创业人才培养的重视。我国高校创新创业教育尚处于初级起步阶段，资源数量有限，仍然需要进一步完善创新创业教学资源，促进终身教育理念下高校创新创业教育的发展。

一、高校创新创业学习资源库的构建意义

（一）积极应对高校现有就业形势

目前，我国城镇就业形势依然比较严峻，一方面，大学生毕业即失业现象明显，毕业生的就业压力比较大；另一方面，部分企业出现严重的"用人荒"问题。这个问题的解决需要转变高校毕业就业引导工作模式，保证学生的综合能力符合企业的人才需求。近年来，随着我国高校的扩招，毕业生人数不断增加。同时随着城镇化的发展，农村剩余劳动力不断向城市转移，这也进一步增加了城市就业的竞争压力。由此可见，提升大学生就业竞争力显得尤为重要，而在知识竞争背景下创新创业能力的培养和提升是提高大学毕业生就业能力的关键。

（二）促进高校大学生高质量就业

高校毕业生的就业不仅是学生个人的问题，也是社会关注的热点。但是，随着高校的扩招，毕业生人数不断增加，有限的社会岗位对人才的要求进一步提高。高校需要鼓励学生多渠道、多形式就业，通过创业带动就业，培养学生的创新创业能力，保证高校毕业生的就业稳定性，改善当前高校毕业生的就业严峻形势。同时优化创业环境，提升大学生创业技能，通过创业提升大学生就业率。创新创业能力培养是提升大学生就业质量的关键，创新创业教学离不开学习资源库的支持，学习资源库能为大学生创新创业能力的培养奠定基础。

二、高校创新创业学习资源库的建设现状

（一）学校课程资源建设不完善

从当前高校创新创业课程教学情况来看，课程融合质量不高，很多创新创业课程建设缺乏独立的课程体系。目前，大部分高校面向全体学生开展沙盘模拟课程，部分学校开设了创办你的企业（Start Your Business，SYB）课程。但是，授课缺乏针对性，没有结合学生的特点对课程进行设计，在教学内容的设置上也缺乏科学的标准，大部分课程内容多是借鉴其他高校的课程。由于不同学校的办学理念、专业特点等都存在较大的差异性，这将导致创新创业教学内容形式化严重，内容缺乏创新。

（二）学校创新创业活动建设有限

高校创新创业教育工作开展的主要目的是培养学生的就业优势和创新精神，很多高校都会结合专业开展不同的特色活动。例如，食品专业开设"食品创意大赛"，服装专业开设"服装设计大赛"，机械专业开设"巴哈赛车创新大赛"等。创新创业教育面向全体学生，通过大赛的开展不仅有利于激发学生的创新意识，还有利于通过赛事的反馈来了解创新创业教育的效果以及存在的不足等。但是，当前能够经常举办这些赛事的学校非常有限，部分学校的赛事举办条件不足，部分学生对赛事举办重要性的认知不清，导致学校创新创业教育工作开展受到限制。

（三）创新创业教师队伍构建不足

创新创业课程师资结构不合理是高校创新创业教育普遍存在的问题。目前，大多高校的创新创业教育课程教师是由经管类教师专职或兼职担任，多属于"半路出家"，这些教师往往理论水平较高，以创业基础、创新管理等课程的讲授为主，但是缺乏由理论转化为实践的能力，无法给创新创业的大学生，特别是想开办企业进行创业的大学生提供专业化的有效指导，难以满足有创新创业愿望和勇于创业的学生的实际需求。

三、高校创新创业资源库构建的路径

（一）高校创新创业资源库构建内容

高校创新创业资源库的内容需要保证丰富性，一是创新创业的理论、各种活动的视频、各方面主讲人的 PPT 以及各种创新创业赛事等都可以纳入创新创业资源库中。例如，毕业就业创业校园行的指导讲座工作，主要的活动内容为正确自我认知以及面试技巧的讲解等。从对学生求职面试的要求进行全面讲解，以及对面试中需掌握技巧等进行分析。通过生动的面试案例，对学生面试中可能面临的困惑和问题等进行答疑和解析。另外，也可以包括行业就业形势的讲座内容，邀请创业者对自身的创业历程进行讲解，为学生提供如何提升自身潜能的方法以及未来职业发展的建设性意见，并解答学生就业创业过程中出现的问题。二是高校创新创业资源库的内容包括创新创业就业课程、学校构建的课程体系以及创业校友回校的创业经验分享等。通常情况下，毕业生中都会有一些比较成功的创业者，他们的创业经验对在校大学生来说非常宝贵，并且能够对其他毕业生起到一定的激励作用。三是高校创新创业资源库还可以加入一些关于高校创新创业研究的课题内容，项目负责人通过收集与创新创业相关的文献资料，申报关于创新创业评估模型构建课题，课题可以就创新创业教育以及对周边经济的影响、创新创业企业生长情况以及对就业的促进作用等进行分析。另外，也可以以某个城市为研究对象，对创新创业城市的构建理论以及评估体系等进行研究，构建 SWOT 分析模式，有利于为高校创新创业工作的开展提供有效建议。四是高校创新创业资源库可以融入学生在创新创业项目活动开展中的内容。学校举办的创新创业活动会产生一些比较典型的案例，其中包括成功的案例和失败的案例，成功案例有利于学生在之后创新创业中进行借鉴，失败案例则为学生的创新创业活动开展发挥一定的警示作用。

（二）加大资金投入，组建导师库

教师不但是课堂教学以及创新工作的设计者，而且是培养学生创新创业能力的主力。因此，在创新创业资源库的构建中高校首先需要做好创新创业导师库的建设。学校需要为创新创业教师提供良好的培训空间，学校可以让教师进入企业，一方面，了解相关专业的最新发展动态以及企业发展的科技动态等，不断积累企业发展的最新素材，更新创新创业教育素材库；另一方面，通过参与技术研发、挂职锻炼，促进企业技术创新，将理论更好地应用在实践中。除此之外，学校可以组织教师观看《创新中国》等纪录片，拓展教师的创新创业教育视野，有助于教师掌握创新创业教育方法促进教学创新，打造"创新型""双师型"教师队伍。另外，学校还可以对外聘请创业成功人士作为创新创业教学的顾问或导师，使创新创业导师团队的能力水平不断提升。

（三）结合学生学习需求，打造课程活动资源库

课堂教学是创新创业教育工作开展的主阵地，高校创新创业教育工作开展的主要目的是促进学生的健康、全面发展，对学生进行创新创业知识、能力等方面的实践教育，提升学生的独立思考和创新创业能力。这样就不仅需要保持学以致用的理念，而且需要促进"用以致学"的落实。随着网络技术的发展，高校学生参与网络学习的积极性非常高，在创新创业教育工作开展过程中，教师需要充分利用科技的力量来转变学生的学习态度，使学生感受到科技与竞争的就业环境，通过这种大环境的营造来落实"用以致学"的教育理念。例如，教师可以结合学生的专业为学生设置一个项目，要求学生结合项目要求以及专业知识自主完成项目，这本身就是一个创新创业的过程，并且是对学生创新创业重要思维的培养过程。因此，高校需要适当加大对创新创业活动的研发力度，构建科学的创新创业活动课程体系，为学生提供充足的活动资源库平台，包括动画、音频、视频、图片等不同的元素内容，学生在完成项目时可以结合这些活动资源库内容进行下载和阅览，满足学生的不同学习需求。

（四）创建合作项目，构建校企合作项目库

为培养素质高、能力强的创新创业人才，一方面，高校可以通过与企业合作的方式将企业管理制度、企业文化、技术、设备等纳入学校创新创业体系，这样能够弥补学校资源的不足，让学生熟悉创新创业条件和环境，为学生提供更多的学习与实践机会，使学生创新创业能力得到大幅提升，提高创业成功率；另一方面，在各个专业中引入相应的企业共同开展合作项目，既为学生提供了全面创新实践的机会，也为学生提供了最真实、低成本、低风险的创新创业平台。例如，计算机专业可以与软件公司合作，让学生承担一些小游戏的编程工作，通过这些项目合作提升学生的实践和创新能力。必要时，高校还可以引进创新创业培训机构，为学生提供创业培训认证，提升他们的认知水平和创业能力，通过这种方式，让学生知晓创业者的素质要求、企业运作方式、企业管理理念和企业发展战略等。

（五）挖掘创新项目，构建项目孵化库

创新创业活动的一个难点就是创业模拟，创业模拟是锻炼学生创新能力最有效的形式之一。所以，在创新创业教育资源库的构建过程中还需要强调情景的构建，学校可以针对创新创业教学工作的需要为学生构建创新创业项目孵化中心，构建真实的创新创业环境，学生在其中能够结合真实的场景、任务、问题等进行创新创业项目训练。例如，学校可以鼓励学生自主创设一些格子商铺、物流小作坊等。在创新创业孵化库的建设中为了保证资源的充分性和系统性，需要设计系统的项目内容，在项目选题，大赛流程、策划、营销、推广、财务预算以及最终答辩等各个方面都需要进行详细的策划，将"双创"活动转变成为一个真正的、全面的创新创业过程。将教学与赛事进行紧密结合，发挥专业技能和"双创"教育优势，并通过与企业合作的方式将部分学生的研究项目在小微企业落地生根。

综上所述，高校大学生创新创业资源库的构建对高校创新创业工作的开展具有重要作用。但从我国高校当前创新创业教育工作开展情况来看，其中仍然存在很多不完善的地方，在教育资源、教师以及教学素材、方法等方面都存在较多不足。为了保证终身教育背景下创新创业教学工作的顺利开展，学校需要结合当前存在的问题，构建符合当代高校创新创业发展的四位一体

的资源库，包括导师库、活动资源库、创新项目库以及项目孵化库，为大学生创新创业发展提供持续的资源支持，提升高校的人才培养能力，缓解大学毕业生就业压力。

第三节　高校校本资源发掘与创新创业教育特色的形成

我国创新创业教育的兴起与发展顺应了全球创新驱动经济发展的热潮，更是高等学校自身发展和人才培养使命的需要。国务院办公厅发布的《关于深化高等学校创新创业教育改革的实施意见》（以下简称《意见》）为高校开展创新创业教育提出了具体要求。《意见》中规定了"坚持育人为本，提高培养质量；坚持问题导向，补齐培养短板；坚持协同推进，汇聚培养合力"的高校"双创"教育改革基本原则。目前，各高校的"双创"教育工作呈现蓬勃发展之势，部分高校发掘和统筹校本资源探索出了独具特色的"双创"教育体系和模式：如"广谱式"的"双创"教育、"温州模式"的"双创"教育、"园区助推型"的"双创"教育、"产学研用一体化"的"双创"教育等。更多高校依然是战略上重视，战术上千篇一律，导致出现了资源整合度不高、教育特色不明显、人才培养质量不突出等问题，集中的表现是成立了专门的"双创"机构但协同力不够，开设了"双创"课程但质量不高，建设了校园创业孵化器但管理缺失，组织了"双创"赛事但成果转化很少。对高校而言，开展具有校本特色的"双创"教育是促进"双创"教育系统化科学发展、差异化纵深发展、多元化协调发展的重要举措，这样才能以"双创"教育改革为契机推动人才培养模式改革，培养一批具有校本创新创业基因的拔尖创新人才、高素质创业人才、青年行业领军人才。

一、校本资源发掘是高校创新创业教育特色形成的重要基础

校本资源发掘是高校创新创业教育形成的重要基础，这是由资源要素的内容与功能决定的。课程、师资、平台等校本资源要素是支撑"双创"教育开展的必需要素，资源要素的功能发挥是"双创"教育特色形成的重要内容，校本资源要素的有机组合是"双创"教育特色形成的重要保障。

（一）校本资源要素是"双创"教育开展的重要依托

正所谓"巧妇难为无米之炊"，"双创"教育的开展必须依托校本资源来进行。为了系统地认知校本资源，本节根据校本资源的形态特征将其按照微观层面、中观层面和宏观层面三个层面来划分，并分类整理归纳了与"双创"教育相关联的校本资源。微观层面的校本资源是指直接参与创新创业教育的人力、财力、物力等教育要素，主要包括课程体系、师资队伍、实践平台、专项资金等。中观层面的校本资源主要是通过环境氛围、体制机制和机构设置等间接影响创新创业教育开展。宏观层面的校本资源是处于统管地位的资源，对中观和微观资源产生控制性影响，主要有政策经济资源、行业资源和社会资源。

（二）校本资源的功能发挥是"双创"教育特色形成的重要内容

"双创"教育特色形成的过程便是校本资源功能发挥的过程。校本资源的功能主要有：环境氛围营造、基础保障、精神意识培养、实践技能训练等。通过环境氛围的营造可以形成文化引领的"双创"教育特色，突出精神意识培养可以形成"广谱式"的"双创"教育特色，扎实的基础保障和整体资源要素功能的有序发挥可以形成综合发展式的"双创"教育特色。

（三）校本资源的有机组合是"双创"教育特色形成的重要保障

校本资源的有机组合是资源功能有效发挥的基础，同时也是"双创"教育特色形成的保障。根据本节前面对校本资源内容及功能的分析发现，宏观层面的资源要素更多以政策文件和人力、财力、物力的实际支持为主，通常作用于高校"双创"人才培养，但不直接作用于大学生"双创"教育全过程。中观层面的资源要素主要是学校对"双创"教育的硬件和软件支持，包括成立专门机构、出台专门文件、制定发展规划等，起着承上启下的作用，链接宏观层面和微观层面的教育资源。微观层面的资源要素主要是师资、课程、实践平台和资金，这些要素直接作用于高校大学生，参与"双创"人才培养的全过程。虽然并非所有校本资源都直接作用于高校大学生，但宏观、中观、微观的校本资源都贯穿"双创"人才培养全过程。校本资源实现有机组合才能保障达到教育效果，形成"双创"教育特色。

二、形成创新创业教育特色是提高校本资源质量的重要途径

一方面，创新创业教育特色形成以校本资源为基础；另一方面，又能促进校本资源质量提升。主要表现在以下三个方面："双创"教育特色影响宏观政策方向倾斜；"双创"教育特色引领资源结构优化；"双创"教育特色打造资源要素优势集群。

（一）"双创"教育特色影响宏观政策的方向

近年来，我国大学生创新创业扶持政策逐步完善，宏观创新创业政策的调控、引领、保障、激励作用更加充分体现。国家和地方的宏观政策制定是基于现状、问题、趋势和期待做出的动态平衡下的引导性决策，校本宏观政策的制定是基于学校的层次、特色及人才培养目标动态强化下的指导性决策。二者都会充分考量现有的成果、特色及发展目标，在此决策逻辑下的政策制定往往更多在"扬长避短"中不断增强特色，扩大优势，在"取长补短"中强调协同发展，避免形成短板掣肘。"双创"教育特色会成为一面"旗帜"，从高校本身来看，会出台系列政策强化这面"旗帜"；从当地政府来看，相关部门会通过政策引导为"旗帜"增添色彩；从教育主管部门来看，会为避免"千校一面"，制定宏观政策引导高校"独树一帜"，集中力量形成优势强项强化特色，打造校本"双创"教育名片。

（二）"双创"教育特色引领资源结构优化

"双创"教育特色形成不是简单计算举办多少活动，开展多少科学研究，申请通过多少发明专利，孵化多少创业团队，获取多少创业资金，或者以这些量化指标直接构成"双创"教育特色。高校形成各具特色的"双创"教育，在过程中应注重人才培养方法创新、跨界融合教育创新、"互联网＋教育"途径创新、师资队伍优化创新、支撑保障体系创新，在方式上主要体现融合性、系统性和协同性，在结果上主要突出人才培养质量和人才培养特色。

"双创"教育特色的形成最终体现在人才培养质量上。人才培养的过程不是单一资源要素的简单叠加，也不是多种资源的复合累加，"双创"教育特色形成也是同理。这是一个不断优化内在结构系统的过程，包括但不限于政策导向、课程、师资、实践、孵化、资金等资源要素自身内容的优化、结

构的优化及作用形式的优化。"双创"教育特色形成是资源形态不断有机组合的过程，也是引领资源形态继续不断优化而再作用的过程。

（三）"双创"教育特色打造资源要素的优势集群

目前各高校为推动大学生创新创业，均注重整合资源、注重合力、注重创新模式，但校际"双创"教育发展不平衡，从中国"互联网+"大学生创新创业大赛的竞赛结果中可见一斑。近几年，大部分省份的"互联网+"大赛国家级金奖被个别几个高校垄断，大部分普通本科院校项目甚至拿不到进入大赛的入场券。"双创"教育发展不平衡的背后是资源的不平衡，越是"双创"教育颇具特色和成果的高校越能获得更多政策性支持，例如当地政府给予更多的资金支持，受到校友和社会机构投资基金的更多青睐，同时学校自身也给予"双创"教师职称评聘方面更大激励力度等。"马太效应"在教育上也客观存在，"双创"教育特色能不断打造优势资源并且形成聚集效应，进一步拉大校际差距。为了缩小差距甚至实现"弯道超车"，各高校探索出校本"双创"教育特色形成的模式和路径十分重要。

三、高校创新创业教育深入发掘校本资源的模式和路径

创新创业教育是多要素综合作用的具有生态系统特征的教育。2013年我国学者黄毅军提出用"人的全面发展"理论指导"双创"教育，他认为"双创"教育的宗旨是提高学生的综合素质、增强学生的创新创业意识与能力，目标是实现学生的全面发展。围绕这一人才培养目标，国内高校在全面整合优势资源的基础上，充分发挥具有核心竞争力的校本资源打造具有校本特色的"双创"教育。根据大学生能力培养的三个维度即精神意识、科技创新、实践育人等归纳出四种资源挖掘模式：磁石模式——文化引领，精神培育；聚焦模式——立足学科，鼓励创新；辐射模式——辐射区域，实践育人；融合模式——多元交融，综合发展。

（一）磁石模式——文化引领，精神培育

磁石模式注重面向全体学生开展创新创业意识、精神以及素养的培养，这种教育建立在"鼓励创新、宽容失败"的良好社会文化氛围和校园文化氛围基础上，并以第一课堂和第二课堂为最主要的载体。归纳发现，发挥高校

文化引领的驱动作用，学生价值认同的精神动力，高校可结合校本实际，借力宏观层面的社会经济资源，夯实微观层面的执行基础，聚焦中观层面的环境氛围营造，产生良好的"双创"教育成果。

（二）聚焦模式——立足学科，鼓励创新

聚焦模式更加强调和关注创新创业的实际效用，注重"产学研用"资源整合和协同发展，促进高校科技成果转化，着力培养一批拔尖型创新创业人才和企业。

（三）辐射模式——辐射区域，实践育人

辐射模式立足区域经济发展和行业人才需求，整合政府、企事业单位、高校优势资源，鼓励不同学院的教师和学生共同参与项目式合作。

（四）融合模式——多元交融，融合发展

融合模式是以人的全面发展为目标，以创业实践活动为载体，以创新创业精神培养为核心，以增强创业素质为关键，通过打破专业界限和传统课堂教学范式构建创新人才培养的教学体系，以创业竞赛和创业实践为牵引构建系统化的实践活动体系，强化师资队伍建设、实践平台建设、资金支持体系和辅导服务体系，形成一整套综合式的创新创业人才培养模式。

四、打造创新创业教育特色的对策建议

高校校本资源的发掘是创新创业教育特色形成的重要基础，创新创业教育特色形成是提高校本资源质量的重要途径，二者相向而行、相辅相成。校本资源的有机协同作用，将促进资源由低级无序状态转向高级一致性状态，从而形成校本特色的"双创"教育，进而不断优化资源要素质量及组合，形成良性动态"双创"教育生态系统。

（一）定位特色：以生为本，立足校本

创新创业教育特色定位和模式路径直接影响着创新创业型人才培养体系，这就要求高校必须要结合自身的办学特点，以生为本，立足学生成长发展需求和学校人才培养目标，构建校本特色的创新创业人才培养模式。一是坚持以育人为根本，将学校人才培养目标与创新创业意识、能力培养和学生

的成长发展诉求紧密结合。二是坚持以问题为导向，重视学生对学校人才培养方面的满意度评价及意见，努力突破校本人才培养薄弱环节，更新理念，补齐短板，把握契机，将打造创新创业教育特色作为高校深化教育教学改革的一部分。三是坚持以思想政治教育为阵地，将创新创业教育与思想政治教育相结合，为党和国家培养高质量的"双创"人才。四是坚持创新创业教育与专业教育相结合，鼓励师生立足专业进行创新创业教育实践，将学校的学科优势转化为创新创业人才培养优势，促进理论教育与实践教育的深度融合。

（二）提升特色：多课堂交互，全过程培养

教育教学资源是高校最重要的资源之一，校际的教育教学内容、教学形式有各自的独特之处，更易依托形成学校"双创"教育特色。依托教育教学资源，提升创新创业教育特色需要做到，一是进一步改革第一课堂，优化专业课程内容和结构，鼓励学生创新运用理论知识解决实践问题；二是拓展第二课堂的形式和内容，不再拘泥于各类活动的举办，加强整体性的规划和与第一课堂的有机衔接；三是面向全体学生实行分层分类的"全过程培养"的创新创业教育，提升校本创新创业教育特色。通过教育价值理念创新、人才培养模式再造、课程体系内容重构、实践服务平台完善，构建涵盖第一课堂、第二课堂、专业实践、创业实践、项目培育、团队孵化等内容和"全过程培养"的创新创业教育模式。

（三）强化特色：深化协同链，发展生态圈

创新创业具有跨学科、跨行业、深度链接产业的特点，与科学研究、项目服务、成果转化、地方发展紧密相连。为使校本创新创业资源的效应得到充分发挥，学校各系统、各部门，社会各界须深化协同链，构建良性生态圈。一是高校要加强多部门协同联动，统筹整合好本科生和研究生教育、实验室、科学研究、学生工作、就业创业、社会合作、校友、团委等相关机构资源，形成多部门联动的工作机制和协同培养体系。二是高校要加强与政府、行业机构、科研院所、金融机构、中介机构的深度合作，完善"政产学研金介用"协同育人链条，形成社会全方位支持学校创新创业教育和有利学生创新创业的良好生态圈。

（四）彰显特色：营造好氛围，保障好质量

创新创业教育特色是一个"形成—发展—凸显—完善"的发展过程。在特色动态发展的全过程适度彰显初步成效，有益于聚集优势资源，整合发展校本特色。一是营造浓厚的校本创新创业氛围，通过选树"双创"典型，打造品牌活动，建立线上线下一体化、四屏联动的宣传矩阵，全方位营造良好氛围；二是加强校本的创新创业教育社会影响力，联合区域和全国媒体及"双创"教育联盟，提升学校知名度和影响力；三是夯实基础保障，在人员、机构、场地、资金等方面加强政策引导；四是建立校本化的"双创"教育评价体系，加强学校对相关部门及培养单位在教育过程中的投入和产出评价，保障教育质量。

第四节　新时期高校创新创业教育课程资源开发

概括地说，"创新创业"是中国新时期提出的一个新概念，包括但不限于高等教育领域，在各个产业、行业中均处于一种初始化阶段，存在许多理论前沿问题值得探讨。创新创业在高校领域具有更高的契合性，其主要契合点就是"高等人才"。新时期"大众创新、万众创业"的经济发展理念能否呈现价值，关键在于人才的创业创新实践意识的强弱，以及创新创业能力的高低，而高校作为高等人才的培养机构，将"创新创业教育"课程化，既是一种教育职能的显现，也是一种社会责任的履行。结合相关研究表明，创新创业教育有着丰富的理论支撑，结合高等教育不同职能，可以迅速组建对应的教育理论框架（如高职高专、普通高等学校等），进而不断丰富理论内涵和外延。但是，教育毕竟不是"空中楼阁"，理论研究越成熟，教育课程资源匮乏就越明显，这是我国高校在创新创业教育起步阶段必然要面临的问题。

一、新时期高校创新创业教育课程开发现状分析

新时期背景下，高校创新创业教育已经成为一个热门话题，但鲜有研究专门针对高校创新创业教育课程资源展开，这不可避免地造成我国高校创新创业教育实施的狭隘性。结合现状表现，高校对"创新创业教育"的认知过

于概念化,强调校内教育资源优势,而忽视与企事业单位资源、社会组织资源、国外资源等整合,导致创新创业教育课程开发力度不足,也未能形成适应我国高校的创新创业教育范式。直观上,"无据可依"成为高校创新创业教育发展的"拦路虎",也是一个高校创新创业教育课程开发现状不佳的合理借口。

"创新创业"是新时期中国高等教育发展中的新命题、新理念和新方向,但从理论研究角度出发,"创新创业"并不是一个毫无根据的对象,可以将其视为高校基本事实策略应具备同其他研究对象一致性的问题,包括概念定义、内涵界定、研究对象等,而这一切的基础,又回归到了高校创新创业教育课程资源之上,只有明确这一点,才能形成有据可依、有证可考的实施途径。

"创业教育"的概念在20世纪80年代末由联合国教科文组织提出,彼时作为一个新生概念,并没有真正引起高等教育领域注意,仅将其视为一种依附于传统高等教育下的事业意识、开拓技能教育。直到1995年,"创业教育"的概念被联合国教科文组织明确阐述,内涵进一步丰富,包括"求职就业"和"创造新的岗位"两个方面,而此时我国高等教育人才培养同质性过高,创业精神、创业技能的培养才真正引起高等教育的关注。同一时期,国外一些发达国家在创新创业教育课程的开发方面已经取得了一定成果,而我国由于经济、科技、文化等领域的因素影响,导致发展相对滞后。1999年教育部出台《面向21世纪教育振兴行动计划》,长期依赖封闭式发展的高等教育呈现开放趋势,高等人才质量开始接受市场检验,人才培养开始面向市场需求转型,"大学扩招"实现高等教育向大众覆盖,由此拉开了创业教育的大幕。整体上,21世纪的前10年,我国高校在创业教育研究方面,主要完成了6个方面的"准备工作",分别包括:创业教育与创新教育素质教育的关系研究、高校开展创新教育的意义研究、创业教育与创业行为的关系研究、创业教育的国际交流、创业教育的可行性方式研究以及创业教育在高校教育模式下的体系构建研究。我国高校在"创业教育"方面,已经奠定了相对完善的基础,但也存在明显的发展短板,针对创新创业课程开发力度不足,尤其是教育资源方面开发能力较弱,未能对高校创新创业教育提供有力支持,突出表现为课程开发理念与现实脱节、课程目标设计不够科学严谨、课程内容不明确、教材编写不统一四个方面。

二、新时期高校创新创业教育课程资源开发技术路线

"教育资源"是教育价值和意义的载体，泛指教育机构用于维持正常教学活动和维护教育事业可持续发展的一切有形、无形资源。将"创新创业"作为教育资源的定语，有助于明确教育资源的范围，广义上说创新创业教育资源是指一切有利于创新创业型人才培养教育活动的人力、财力、物力资源总称，具有明显的物质性特征。关于新时期高校创新创业教育资源开发的技术路线，可以简单地归结为三个步骤：资源关系型构建、资源课程式转化、资源全面性整合。

（一）创新创业教育资源关系型构建

创新创业教育资源的直接利用对象是高校，广义上的一切资源，都应该具备和学校现有创新创业意识、能力、条件等资源的关系构建能力，概括地说包括以下六个方面。

一是将高校领域具有创新创业优势的专家资源集中起来，在高校之间建立教师资源关系。教师是教育活动的执行者，如果教师本身有着丰富的创业经验和强烈的创新意识，那么对课程资源的开发可以起到事半功倍的效果。

二是将高校专业师资力量与社会企业家资源集中起来，建立高校与企业之间的资源关系。其中，高校专业教师具有专业知识资源，社会企业家具有资金、设备、产品、市场等资源，这种关系的构建，实际上等同于"理论联系实际"，这也是高校创新创业教育的基本原理。两种资源之间关系的建立，可以实现理论、实践在教育活动中的优势互补。

三是在高校内部创新创业实验室与真实企业环境之间建立关系，来弥补高校有形资源存在的不足，并可以借助真实企业环境将创新创业的具体创意呈现出来，转化为生产力，生成经济效益，达到合作双赢的目的。

四是建立高校课堂与创业演讲之间的关系，形成一种更为开放式的教学模式。客观上，高校教师讲课的主要依据，源自教育学、心理学及专业素养下的认知，而创业演讲的形式则是"经验分享"，并不强调逻辑性、理论性，建立这两种传播形式的关系，可以让大学生更接近创新创业实际，学会用理性思考。

五是以学生为主体，建立创业意识和创业能力的关系。创业意识源自精神激励，创业能力则需要脚踏实地地探索、实干，只有创业意识而无创业能力无异于空想，反之，则表现得碌碌无为、毫无规划。

六是统筹创新创业教育的课程，建立彼此之间的有机关系。具体包括心理学、管理学、经济学、成功学等，除了专业知识、技能的培训，还要重视学生情商、逆商的强化，不断激发他们的创新思维，提高创业实施中的抗压能力。

（二）创新创业教育资源课程式转化

基于创新创业教育资源的"关系型构建"，可以将以上六种关系模式分别置于三类课程式转化中。

1. 高等教育全生命周期课程式转化

按照我国高等教育的学制要求，一般本科四年、专科三年，结合高等教育时间和人才培养目标，立足全生命周期理论展开创新创业教育资源的课程式转化，有利于我国高校创新创业教育课程式的构建。这一阶段的课程资源，主要从宏观角度发挥创新创业教育功能，如帮助大学生树立创新意识、创意精神、明确发展方向、培养创业能力等。

2. 高等教育不同阶梯段课程式转化

以每一学年为一个阶梯，结合本学年的具体学习内容，实现创新创业教育资源与课程的融合，逐步进行系统化。例如，可以改变传统授课方式，组织创业模拟、创新辩论等活动。尤其要在教材方面下足功夫，基于课本课程开发理念，根据不同专业在不同学段的要求，开发一系列创新创业教材以供学生使用。

3. 高等教育具体项目的课程式转化

通过创业大赛、创新设计活动等具体项目方式，定期或不定期地在高校中展开资源的课程式转化，让大学生将课堂上学到的知识，在课余时间消化整理，转化为具体的资源。

（三）创新创业教育资源全面性整合

如上文所述，高校创新创业教育课程资源中包括一切有形、无形资源，在发挥具体的教育价值方面，需要将资源全面性整合，形成一个具有高校教育特色的资源体系，这有助于构建高校创新创业教育的养成模式。

"整合"包括两种形式，一是指高校内部有形、无形资源的全面性整合；二是指高校与外部环境之间有形、无形资源的全面性整合。这两种形式的目的是统一的，即针对高校创新创业教育资源进行优化，实现与课程教学的有机结合，达到更良好的利用效果。从这个角度说，创业教育资源整合是服务于创业教育的一项活动，立足一个具体的资源实现目标，通过一切可能的方式进行挖掘，并纳入创新创业教育体系中来，同时也对所获取的资源实现了科学配置、优化和重组。

三、新时期高校创新创业教育课程资源开发实践策略

新时期高校创新创业教育是时代赋予的使命，基于当前的教育资源仍处于起步阶段的事实，高校自身还存在大量工作需要去做，加强创新创业教育资源开发，可以从以下几个方面着手。

（一）创新创业教育课程资源的研究方法、思路和内容

借鉴国际教育前沿理论，采取科学计量学的可视化技术，实现对我国高校创新创业教育课程资源开发的基本模式构建，涉及相关学科、相关技术、相关领域等，促使高校创新创业资源的外延和内涵进一步丰富。以最终的"整合"为主，完成学科整合、师资整合、途径整合，归纳到研究方法、思路和内容上，在有形资源上形成课堂教学为基础、课外活动为辅助的模式，在无形资源上注重思想观念教育氛围的开发，体现出强烈的"创新创业"意识。

（二）创新创业教育课程资源开发为目的的课程体系建设

任何一个时期或一个层次的教育改革中，"课程"都是最为基础的，也是最关键的建设目标。课程建设必须依据高校教育的制度框架，否则无法确保教育资源的合理运用。换言之，高校只有合理安排创新创业教育的课程设置，才能有序地、有效地将相关资源优势体现出来，并通过日常教学活动发挥作用。

一个科学合理的课程体系建设，需要平衡创新创业教育的"理论价值"和"实践价值"，一旦出现偏离现象，就不符合推动学生全面发展的要求。

具体来说，课程设置要使创业教学、教学科研、创业能力和综合素质平衡发展。值得注意的是，"课程体系"在创新创业教育的范畴下，应该是独立于传统高校课程体系模式的，它不以课堂空间为局限，不以专业课程知识为限制，可以通过多样化的实践机制。例如，在校内建立创新实验室、创业实践平台等，最终目的是要让学生在接受理论教育之后有充足的平台来用实践证明所学知识。

（三）创新创业教育课程资源开发下的师资队伍重构

教师是教育的主导者、组织者和监督者，无论何种形式的课程，最终价值呈现都是由教师传播行为实现的。创新创业教育课程资源开发背景下，师资队伍面临着必然的重构，这是因为在课程资源的成分方面，已经在一定程度上脱离了教材范围，脱离了专业，脱离了逻辑分析和科学方法，而完全基于实践经验的积累。因此，"师资队伍"的内涵也必然需要更为丰富，其中既包括具有创新创业精神的教师，也包括企业家、创业者，他们与大学生面对面的交流，能够起到言传身教的启发作用。需要强调的一点是，在师资队伍的重构过程中，必须坚持高质量的师资引进，无论引进还是本校培养，既要注重创业师资具有丰富的专业知识和实践技能，又要注重年龄、资历、学院结构、职称等多项要素，要综合评价，特别要注重创业师资对大学生的创业意识和企业家精神培养。

结合上述分析，新时期我国高校创新创业教育课程资源开发势在必行，它是维护高等教育人才保持创新意识、创业精神的长效机制，同时也为我国高等教育整体上的创新发展，提供了明确的方向和有效的途径，打破了长期以来高等人才培养与社会需求脱节的瓶颈，促使大学生更具有拼搏进取精神，对整个国家发展和民族振兴也具有重要意义。迄今而言，"双创"的教育资源还较为稀缺，作为一个高等教育改革方向，只有企事业单位与高校内部各部门之间的通力配合，开发多元化资源获取渠道，构建多样性资源融合机制，将更多的校外资源吸收转化形成"可用之材"，才能推动高校创新创业教育水平的不断提升。

第七章 创业素质和能力构成及培养

第一节 创业素质和创业能力

一、创业素质

（一）创业素质的概念

近年来，人们经过研究发现个人素质在人才的造就上起着非常重要的作用。那么何谓素质？"素质"一词，原本是心理学的一个名词，是一个复合概念，若从人的素质结构的构成来理解，它包括生理层面，即生理素质、心理层面、心理素质和社会文化层面、社会文化素质等因素，又或者说是由人的身体、心理、品质、知识、能力等因素相互作用而成的人格特征。从目前来看，对素质的理解至少有以下三种观点：

一是心理学的观点，主要认为素质是人的先天的生理解剖特点，而且主要是感觉器官和神经系统方面的特点。对素质的这种理解符合《现代汉语词典》中对素质的第三种解释，即心理学上指人的神经系统和感觉器官上的先天的特点。这种特点主要通过遗传获得，又叫遗传素质或天赋。

二是教育学的观点，认为素质是"人在先天生理基础上，受后天环境教育的影响，通过个人自身的认识和社会实践，养成的稳定的身心发展的基本品质。"也有将其解释为素质是公民或某种专门人才的基本品质，是人在后天环境影响和教育训练下获得长期稳定发挥作用的基本品质和能力结构，包括思想、知识、能力、身体、心理等。可见，教育学上的素质强调的是一种后天素质，是一种以先天素质为基础并与先天素质融为一体，不可分割的先天与后天的整合素质。

三是人们习惯用词，是一种泛指，泛指所有事物。即《现代汉语词典》中对素质界定的第一种含义：指事物本来的性质。因为并不是所有的事物都有先天、后天的问题，特别是非生命体。例如，一栋建筑物，从设计到建成之日起才有它本来的性质问题。

事实上，人们在对创业教育理论中创业素质的概念进行界定时，是以素质概念的界定为基点和起点的，即从我们上面阐述的教育学的观点来认识的。目前主要有以下三种具有代表性的观点。

一是认为创业素质是指人在后天接受教育和环境影响下形成和发展的，在社会实践活动中表现出来的比较稳定的个性特征。

二是认为创业素质是指在人的心理素质和社会文化素质基础上，在环境和教育的影响下形成和发展起来的，在社会实践活动中全面地、较稳定地表现出来并发挥作用的身心组织要素、结构及质量水平。

三是认为创业素质是以人的先天禀赋为基础，在环境和教育的影响下形成和发展起来的，在创业实践活动中表现出来并相对稳定地发挥作用的身心组织要素的总称。

综合以上三种观点我们不难发现，创业素质的形成是有一定的条件和基础的，它不是固有的天然地存在于人群之中，而是在环境和教育的作用下形成，它一旦形成就具有相对的稳定性，并且在实践中表现出来。

通过上面我们对已有素质和创业素质概念的总结归纳，不难发现关于素质的概念界定已经是很明确的了，主要有三种诠释。在本文中，我们取教育学观点下素质的定义。但是关于创业素质的概念似乎还缺乏一定的准确性。对此，笔者试图通过数加种差的方法将创业素质的概念进行界定。从种属关系来看，素质是创业素质的属，创业素质是素质的种。由于素质已经是一个既定概念，即我们说概念的属已既定，那么根据真实定义下定义的属加种差的方法，我们只要加上种差也就能将创业素质的概念界定下来。本文对"创业素质"做出如下定义，创业素质是公民或某种专门人才具有的创业方面的基本品质，是人在后天环境影响和创业教育训练下获得的长期稳定发挥作用的基本品质和能力结构，包括创业精神、创业知识、创业能力、创业心理品质等。事实上，从逻辑关系上看，素质是一个上位概念，创业素质是从属于它的下位概念。由于我们在对创业素质的概念进行讨论时，是对公民或某种专门人才这一具有人的共性所具有的素质的讨论。故大学生创业素质的概念只需将创业素质中的"公民或某种专门人才"以及"人"替换为大学生即可。所以，大学生创业素质的概念界定，创业素质是大学生具有的创业方面的基本品质，是大学生在后天环境影响和创业教育训练下获得的长期稳定发挥作用的基本品质和能力结构，包括创业精神、创业知识、创业能力、创业心理品质等。

（二）大学生创业素质的要素

创业素质反映的是人们在社会实践中表现出来的身心组织要素的集合，它是由若干确定元素组成的集合概念，这些确定元素即构成了创业素质的基本要素。研究者们从不同的角度出发，就创业素质的构成要素提出各自的观点。国外学者对创业素质构成要素的阐述比较琐碎，如美国创业家马丁·J·格伦德认为，成功创业者应该具备的"九大素质"是：选择一个爱好、制定一个目标、拿着薪水学习、与成功者为伍、相信自己、以己之长发财致富、敢于提问、不循规蹈矩、不墨守成规和努力工作等；威廉·D·拜格雷夫认为优秀创业者的基本素质应包括十个"D"：梦想（Dream）、果断（Decisiveness）、实干（Doers）、决心（Determination）、奉献（Dedication）、热爱（Devotion）、周详（Details）、命运（Destiny）、金钱（Dollar）和分享（Distribute）而我国学者对创业素质构成要素的阐述往往概括性比较强。如有人认为创业素质包括个性素质、智力素质、文化素质、心理素质、身体素质五种素质；有人认为主要包括创业意识、创业心理品质、创业能力和创业社会知识结构；也有人认为包括人格品质、心理素质、能力素质等。

创业素质是一个由多个要素组成的系统结构，在这个系统结构中，各要素相互依赖、相互作用，共同在创业实践中发挥作用。但是在多个要素中，有些要素是支配性的中心要素，有些要素是被支配要素，中心要素对创业的成败起着决定性的作用。基于大学生这一群体的特殊性，创业精神、创业能力、创业知识结构、创业的个性心理品质是大学生创业素质的中心要素，其余要素如身体素质等都是被支配的要素。所以创业精神、创业能力、创业知识结构、创业个性心理品质是我们在培养大学生创业素质时要极其关注的四个要素。

（三）大学生创业素质的基本特征

通过对教育学观点下素质概念的介绍，不难发现，不论用怎样的措辞来界定"素质"，教育学观点下的素质都应该具有如下的三个特征：第一，是这种素质与先天有一定的关系，是以先天的生理和心理为发展基础的；第二，是这种素质的形成一定是在教育和环境的双重影响下发展起来的；第三，是这种素质是先天素质和后天养成融于一体的"人的身心特点的综合、内在、整体的体现。"创业素质作为一种现代大学生必须具备的素质之一，毫无例外地具有教育学观点下素质所共有的上述特征。但是创业素质还具有下列十分突出的特征，正是这些突出特征的存在，使创业素质区别于其他素质。大学生创业素质主要具有以下基本特征。

一是整合性。所谓整合性是指创业素质是一个系统的组织结构，这个系统的组织结构是由创业精神、创业心理品质、创业能力和创业社会知识结构四个要素构成，这四个要素在创业主体的实践过程中形成一个相互依存、相互作用、整合一致的特定结构，关乎创业主体创业实践活动的成败，并从整体上决定创业主体创业素质水平的发展程度。任何一个要素的缺失或是发展不完善，都将影响到创业素质整体水平的发挥。对此，有人曾作过形象的比喻，认为创业精神是动力系统、创业心理品质是调节系统、创业知识结构是认知系统、创业能力是操作系统。可见，创业素质作用的充分发挥，需要各个系统的联合行动，才能在创业实践中取得成功。

二是发展性。事实上，人的素质不管是先天的还是后天，都是可变的。创业素质作为一种后天素质，显然也是可变，这就使其具有了发展的可能性，故发展性成为又一特征。创业素质的这一特征正是我们提出通过创业教育来培养学生创业素质的客观依据。从素质的概念中，我们发现人的素质发展离不开先天与后天的因素，作为在后天因素作用下发展起来的创业素质，它的发展与提高就更加依赖教育和客观环境的影响作用，这是创业素质发展性的一个显著表现。同时，唯物史观认为："一定的事物只有在一定的条件下才能产生，在一定的条件下得到发展，又在一定的条件下趋于灭亡"。创业素质的提出也正是社会科技发展、物质文明和精神文明的不断提高，是对人的素质发展与提高所提出的新的素质要求。反过来，人的素质的发展与提高也依赖于社会科技的发展和物质精神文明的提高，这个动态的发展过程也正好体现出创业素质的发展性。

三是稳定性。人的素质是个体内化的，以某种机能系统或结构形式在个体固定下来的概括化的东西，在各种活动中往往经常地、稳固地表现出来。创业素质作为素质的一种，它一旦内化为个体固定下来的概念化的东西后，它就能在创业实践的过程中稳固地表现出来，而不会因为周遭的变化而发生任何改变。正是基于创业素质的这一特性，我们积极提倡高校通过开展创业教育培养大学生的创业素质，使其将来走出学校后能够从容应对激烈的就业压力和艰难的创业实践。

四是实践性。大学生创业素质的实践性产生于两方面的原因：其一，在大学生创业素质的培养过程中必须重视实践教学的重要性。这突出地体现在创业素质中创业能力的养成尤其需要在长期的实践活动中得到历练，从而得以发展。其二，大学生创业素质如何，是我们任何一个人都不可能凭借主观臆断的，它必须接受实践的检验。大学生也只有投身于创业实践中，才能得知自己的创业素质到底发展到什么程度。可见，创业素质不仅来源于实践，并且只能在实践中才被得到检验。

五是高层次性。曾有学者对高等教育培养的高层次人才大学生应该具有的素质概括为专业素质、人文素质、政治素质和工具素质等四种素质。这一素质要求的提出是在全球竞争日益激烈、科学技术迅猛发展以及文化时代到来这样一个历史背景下提出的。时至今日，随着我国建设创新型国家对人才素质要求的提高以及伴随高等教育大众化过程中出现的大学生就业竞争日益激烈等社会现实，使得大学生除了需要具备上面提到的四种素质之外，还需要具有更高层次的素质，这种素质就是创业素质。只有这样，他们才能为创新型国家建设贡献自己的一份力量并且实现个人的发展。因此，从这个角度来看创业素质，我们发现创业素质是相对于上面四种素质来说对大学生的一种更高层次的要求，因而使得创业素质具备了高层次性的特点。

二、创业能力

（一）创业能力的概念和界定

创业能力指拥有发现或创造一个新的领域，致力于理解创造新事物（新产品、新市场、新生产过程或原材料，组织现有技术的新方法）的能力，能运用各种方法去利用和开发它们，然后产生各种新的结果。创业能力分为硬件和软件，硬件就是人力、物力和财力；软件就是创业者的个人能力，包括专业技能和创业素质。创业素质包括创业热情、价值观、发现能力及创新能力。其中任何一个方面都是可以再细分的。与就业能力相比较，创业能力比就业能力多的是发现的眼光，创新的智慧。

1989 年亚太会议报告指出："要求把事业心和开拓技能教育提高到目前学术性和职业性教育护照所享有的同等地位。事业心和开拓技能教育要求培养思维、规划、合作、交流、组织、解决问题、跟踪和评估的能力。"会议期间，华裔专家朱小奇先生首次提出"创业能力"（Entrepreneurial Competency）一词，当时被译为"事业心和开拓技能"。1991 年日本东京召开了主题为"提高儿童、青年创业能力与革新教育"的研讨会。研讨会上界定了创业能力的概念，呼吁高等院校要积极开展创业教育课程。1999 年，联合国教科文组织在首尔召开了第二届国际职业技术大会，会议再次强调要重视对劳动者创业技能的培养。关于创业能力的概念，主要有以下四种界定。

界定一：创业能力是指神智正常的人在各种创新活动中，凭借个性品质的支持，利用已有的知识和经验，新颖独特地解决问题，产生出有价值的新设想、新方法、新方案和新成果的本领。

界定二：创业能力是指为了能从事承担风险的开拓性活动而具备的一系列心理特征。

界定三：创业能力是指创业者的心理特征，它可以对创业活动产生影响，或者说创业能力是以智力活动为核心的，具备较强综合性和创造性的心理机能。是知识、经验、技能经过内化后形成的，在创业活动中表现出的一种的行为过程。

界定四：创业能力是以创造性为显著标志的综合性能力。每一个人都可以通过后天培养获得这种能力，主要包括专业职业能力、经营管理能力、综合能力三种。

严强认为创业能力受个体的性格特征制约，自身知识、经验、技能在转化的过程中形成了创业能力。毛家瑞认为创业能力的核心是创造性，是一种综合性的能力。创业能力与每个人的知识、技能、心理特征、性格都有密切关系。创业能力包括专业职业能力、经营管理能力、综合性能力，其中综合性能力又包括发现机会、把握机会、利用机会、创造机会的能力；收集信息、处理加工信息、综合利用信息的能力；适应变化、利用变化、驾驭变化的能力；非常规性的决策和用人的能力；交往公关社会活动能力。

郑登成认为创业能力是综合性能力，劳动者只具备专业知识和技能是不可行的，还应具有以创造性为标志的其他技能。高耀丽认为创业能力可以将自己或他人的知识、技能、才华转化为现实财富，包括专业知识运用能力、创新能力、社会能力、经营管理及理财能力、人际交往能力、团队合作能力、发现人才和使用人才的能力、适应变化和承受挫折的能力等。其中，专业知识运用能力是构成创业能力的前提，创新能力是创业能力的基础，社会能力是创业能力的核心。

孙强认为创业能力是一项综合性的能力，它既包含创业者捕捉、利用市场机会的能力，也包含充分整合自身资源用以创造财富价值的能力。徐晋认为创业能力是创业者具备的智力资本，它是个体才能、知识和技能在创业活动中实际表现出来的一种能力。邹建芬认为创业能力是指大学生将自身知识、技能和经验学以致用，创造性地经营管理一家企业的能力。黄励认为创业能力对创业活动有很大的影响，主要是和个体心理、性格等内在特征相联系的一种心理倾向。高桂娟认为创业能力有三个类别，个体创业能力是指个人在创办经营经济实体过程中展现出来的知识、技能、才华的总和；团队创业能力是指团队中所有个体创业能力的整合；公司创业能力则是指组织内部的可以整合的资源总和，这种能力能为公司带来可持续的发展和财富的累积。

（二）创业能力的内涵

国内学者蒋乃平较早定义了大学生创业能力的内涵，这一观点也得到了其他学者的广泛认同。他指出，方法能力是创业能力的基础能力，主要指创业者在开展创业活动过程中用以经营管理和解决问题的方法；专业能力指创办企业所需要的知识系统和技能才华；社会能力则是创业能力的核心能力，包括整合自身和外部资源的能力、处理人际关系的能力等。蒋乃平的观点得到了后来研究者的广泛认同。同时，他还提出创业能力的形成需要动因、前提和基础。只有首先具备了创业意识，才有可能形成创业能力，创业意识通常包括创业意愿、兴趣、需要等。

创业品质是创业能力形成的前提，蒋乃平认为成功创业应当具有敢为性、自信心、竞争性、敏感性、适应性、克制性、缜密性、合作与宽容、外向性、道德感和义务感十个方面的品质，而创业知识则是创业能力形成的基础。张美凤、赵映振认为创业能力包括持续学习新事物的能力、解决问题的能力、创新创造能力、协调人力资源的能力等。詹全友认为创业意识、创业心理、创业能力可以说是大学生创业的"三驾马车"，是大学生创业的重要"软件"。

创业能力主要包括专业能力、经营管理能力和综合能力。孙强认为创业能力通常具有以下基本特征：具有顽强的拼搏精神、极强的个人凝聚力、前瞻性判断力、富于冒险精神、具备超众的控制能力、有敢为人先的创新能力、强大务实的操作能力，同时具有良好的身体素质。唐靖、姜彦福认为创业能力包括发现商业机会的能力、利用机会的能力、经营管理的能力、组织协调的能力等。秦虹认为创业知识、技能和态度是创业能力的三个组成部分，创业知识是指创业实践活动过程中需要的知识系统；创业技能是经营管理企业中体现出来的经验、解决问题的能力；创业态度则是和情感相联系的。陈晨认为创业能力分为核心创业能力和基础创业能力，指大学生运用自身知识、技能、才华，经营管理经济实体并取得财富价值的能力。纪玉超认为创业能力包括创造能力、处理问题的能力、人力资源管理能力、领导能力等，具有个体性、综合性、创新性和实践性的特征。

通过研读国内外学者关于大学生创业能力的成果，本研究以林强、姜彦福、张健三位学者的理论框架为基础，参考整合邵华、张胜利和孙强学者的观点，将创业能力内涵划分为五个维度：机会把握能力、心理应对能力、组织管理能力、创业学习能力、创新创造能力。

第二节　创业素质和能力的构成

一、创业素质的构成

创业基本素质包括思想政治素质、良好的创业心理素质、创业知识与能力素质、身体素质。

（一）思想政治素质

所谓思想政治素质在当代是指用马克思主义的立场、观点和方法分析问题和解决问题的能力。系指在环境和教育的影响下形成和发展起来的相对稳定的思想品德和政治素养。它包括人生观、世界观、价值观、爱国主义、集体主义、社会主义思想、讲诚信、创新求实等。简单地说，思想政治素质就是一个人的政治态度、政治观点、思想观念、思想方法和政治理论等方面的基本品质的总称。

大学生思想政治素质的主要内容包含思想素质方面的内容、政治素质方面的内容和道德方面的内容。

1. 思想素质

思想素质的主要内容包括树立科学的世界观、正确的人生观和正确的价值观三个基本方面。

树立科学的世界观，掌握辩证唯物主义和历史唯物主义的基本观点和方法。世界观是指人们对整个世界的根本看法，即人们对于自然、社会和人类思维的根本观点和总的看法。人们在实际生活中，每时每刻要跟周围的各种事物打交道，也就是要认识这些事物并力求按照自己的需求对它加以改造。当代大学生要树立的科学世界观是辩证唯物主义和历史唯物主义的世界观。为了形成这种科学的世界观，就必须掌握辩证唯物主义和历史唯物主义的基本观点与方法。辩证唯物主义要求我们在观察、分析和探索问题时，要具有全面的、发展的、联系的和实事求是的观点，力求避免片面的、静止的、孤立的和主观臆断的思想方法。只有把一般方法与各种具体的科学方法纳入到以辩证唯物主义为指导的方法论体系之中，才能使一般方法与具体方法发挥出积极的效果，从而指导社会实践。

树立正确的人生观，坚持全心全意为人民服务。人生观是人生的目的，人生的态度，人生的责任，人生的评价的统一体，是人生道路上的定向器。因此，在大学生思想素质发展中，树立正确的人生观是非常重要的。树立正确的人生观，首先要解决好"为谁服务"的问题。对广大的青年大学生来说，就是要确立为人民服务的人生观。树立正确的价值观，坚持人民利益高于一切。所谓价值观，是人们对现实生活中的各种事物、现象进行评价、决定取舍的基本观点或思想。它同人生观一样，对人们的生活、学习、工作等各个方面起着支配作用，大学生树立正确的价值观尤为重要。

我国正处在由传统社会向现代社会急剧转型的现代化时期，社会上形形色色的价值观都在不同的程度上反映到高等学校中来，相互碰撞冲突，影响着大学生的心理与行为。如果没有正确的价值观导向，就会使其迷失前进方向，丢掉生活准则，就会倾心于对金钱物质的不适当追求，埋头于过度膨胀的自我规划之中。人民利益高于一切的集体主义价值观，同以社会主义公有制为主体的经济基础是相适合的，同辩证唯物主义与历史唯物主义的科学世界观是相符合的，同社会主义实现共同富裕的价值目标是相一致的，同社会主义要实现个人全面发展的客观要求是相适应的，是真正反映社会主义本质，体现社会主义方向，符合历史发展规律的价值导向，是科学的、先进的、正确的价值观。因此，大学生应该选择和树立正确的价值观。

2. 政治素质

政治是经济的集中表现，马克思主义十分重视政治对经济和社会生活的巨大影响。而且政治素质涉及的面较广，内容相当丰富。大学生应坚持正确的政治方向，坚持正确的政治路线，坚持正确的政治观点，坚持正确的政治立场，这是当今时代对大学生政治素质的基本要求。

坚持正确的政治方向，努力建设中国特色的社会主义。政治的统帅作用，首先体现在政治方向上。一个人必须具有坚定正确的政治方向，才能有远大明确的奋斗目标，强大无比的政治动力。坚定正确的政治方向，就是要为建设中国特色的社会主义而终身奋斗。

坚持正确的政治路线，自觉维护国家的稳定和发展。实践证明，改革开放以来，中国共产党制定的"一个中心、两个基本点"的建设中国特色社会主义的基本路线是正确的，是指导建设中国特色社会主义事业前进的根本所在。当代大学生，就是要坚定不移地坚持党的基本路线，自觉维护国家安定团结的政治局面，维护国家的稳定和发展，使建设中国特色社会主义的伟大事业不断取得新的胜利。坚持正确的政治观点，提高政治鉴别力和政治敏锐性。政治观点是在对政治现象认识的基础上以判断的形式表现出来的，是对政治现象所持有的看法、判断和评价。毛泽东同志曾指出"没有正确的政治观点，就等于没有灵魂。"可见政治观点在政治素质中占有何等重要的地位。我们要坚持正确的政治观点，就必须不断提高自己的政治鉴别力和政治敏锐性。坚持正确的政治立场，自觉遵守政治纪律。良好的政治素质，就是要全心全意依靠工人阶级，坚持群众观点，走群众路线，全心全意为人民服务。

坚持正确的政治立场，在实践中就是要自觉地遵守党和国家的政治纪律，维护广大人民的利益。

3. 道德素质

道德素质是指人们从一定的道德准则和规范出发，在处理个人与他人，与社会的关系中，所表现出来的稳定的特征和倾向，是人们道德意识和道德行为的统一。简言之，就是做人的准则和标准。

第一，道德素质是大学生适应社会的基本要求。人都是社会的产物，不能脱离社会关系而独立存在，一个人要能在社会上生存下来，适应当时的社会生活，特别是在创造新的社会生活中有所作为，就必须加强各方面的修养，其中道德修养是核心的基本内容。当代大学生正面临着一个前所未有的变革时代，社会主义现代化建设实践对未来人才素质提出了很高的要求，其中自然包括道德素质。大学生同其他社会成员一样，也是社会关系的组成部分。作为新世纪的一代新人，要想适应当今和未来时代的客观要求，基本的一点就是要按照社会发展的客观规律和共产主义道德要求，自觉加强个人道德修养，提高道德素质。第二，道德素质是大学生发展和完善的需要。首先，道德素质是人的本质的特征。马克思说"人的本质并不是个人所固有的抽象物，在现实性上，他是一切社会关系的总和。"个人只能在社会关系中生存和发展，而这种关系有特定的准则要求个人遵守，道德便是其中最为普遍、最为基本的行为准则。其次，道德素质的提高，是个人发展的核心内容和主要目标。社会生产、社会关系的发展创造了道德，道德又进一步促进了人的完善。道德素质的提高，是个人完善与发展的核心内容和主要目标。第三，道德素质是大学生成才的动力。高尚的道德素质在人才成长中的动力作用，主要表现在对个体成才动机的帮助和强化，对成才过程的激励和引导。高尚的道德素质帮助人们树立科学的世界观、人生观和价值观，树立远大的理想和抱负，培养坚强的意志和虚怀若谷的优良品德，激励人们为实现崇高的道德理想而努力，帮助人们正确认识与理解社会，树立正确的政治方向，坚定成才的信心。我国高校一直坚持对大学生开设道德修养课，培养大学生良好的道德素质。第四，道德素质是大学生立身之本。个体的道德素质的高低，在各个方面是有差别的，进入社会生活的人，道德素质都是有高有低。在当今社会生活中，由于社会正处在大的转轨和变革之中，人们对善恶的某些标准认识不尽一致。

整体来说，绝大多数社会成员的道德修养在不断地提高。大学生是现代社会生活中知识层次和文化素养都相对较高的社会群体，从总体上，绝大多数大学生都有比较高的道德素质，但这并不说明大学生不需要进行道德修养。相反，大学生的道德修养必须加强。

（二）创业心理素质

所谓创业心理素质，就是指在创业实践活动中对人的心理和行为起调节作用的个性意识特征，也就是我们所说的情感与意志，以及情感过程与意志过程。与创业活动有关的创业心理素质有独立性、敢为性、坚韧性、理智性、适应性、合作性、缜密性等心理因素，主要培养学生的独立理性的思考判断，敢于创新、敢于冒险、顽强拼搏、勇于承担责任的心理素质，也包括培养学生的合作精神和团队意识，坚强的意志和对挫折的忍耐力，稳定而积极的情绪。创业心理素质的内容包括：

1.创业意识

所谓创业意识是指在创业实践活动中对个体起动力作用的个性意识倾向，主要包括创业的需要、动机、兴趣、理想、信念和世界观等心理成分。

2.创业动机

创业动机也称创业内驱力，是直接推动人们实施一定创业目标的内部动力，是激励人们创业行动的主观因素和推动人们产生创业行为的直接原因。表现形式有创业愿望、创业信念、创业理想等。它是创业意识的核心内容。创业动机的产生不外乎两方面原因，一是内在条件，即需要。二是外在条件，即刺激。外在刺激是通过个体内在需要而起作用的。一定的创业动机是一定时期社会的政治、经济、文化和个体生活环境的综合反映，是内部需要和外部条件共同作用的结果。当前，我国社会生产力的迅猛发展，改革开放以经济建设为中心的指导思想和基本国策，社会主义市场经济的广阔空间，为创业构建了良好的外部环境，也激发了广大有志青年的创业行为动机。

3.自信自立，具有顽强的意志力

在创业的路途上，要自信自立，不管周围的人怎么说，只要自己下定决心，无论遇到什么困难，也坚持干下去，坚信自己一定能成功。不管客观条件如何，不管经过多少磨难，始终把成功的可能性建立在自己身上，沿着理想发挥出无限的生命力和创造力。创业者的创业过程既是克服困难的过程，争取成功的过程，也是创业者意志力的体现，创业成功的奥秘是刚毅、坚忍和勇敢。创业意志是顽强的意志心理品质，它将驱使创业者克服各种困难，努力实现创业目标。

4. 富有风险意识，敢于面对逆境

创业要有承担风险的勇气，做好应对各种困难的思想准备。因为大学生创业除了在资金、社会经验等方面都有着先天不足外，还常常会因缺乏基本的理财技能、推销意识和沟通技巧而陷入困境。市场时时刻刻都有风险，却永远也不会有人来及时提醒风险在哪里。因此，风险意识显得特别重要，没有坚强的心理品质和风险意识，创业的路不会走得长远。

对于当代的大学生，我们需要的是百折不挠的勇气和迎接挑战的信心，要始终相信道路是曲折的，前途是光明的，即使面对逆境，我们也应该勇敢地去搏击，去挑战，只要我们相信，我们是最后的成功者。

5. 善于团结协作，富有责任感

如果创业者和团队成员之间没有信赖，那么创业就很难成功。如果任何事情都把自己的情况优先考虑的话，那么相互信赖关系肯定建立不起来。如果公司的领导者和管理者只把员工看成干活挣钱、养家糊口的求生者，这样绝不会得到员工的信赖。创业者应以人为本，主动考虑能为雇员、社会做些什么，形成热爱人、热爱人类社会的思维模式，因为所有的可能性都会从这种思维模式中诞生出来。

6. 勇于竞争

现代汉语词典上给竞争的定义是为了胜负或优劣而进行的争斗。市场主体为了追求自身利益而力图胜过其他市场主体的行为和过程。企业竞争是人类社会最为公开化和透明化的过程。在这里，重点强调的是经济学上的竞争，经济学上的竞争是指经济主体在市场上为实现自身的经济利益和既定目标而不断进行的角逐过程。

创业者要想进入市场，必然会面对市场竞争，面对竞争对手的挑战。许多成功的事例表明，创业者的成功往往是在与竞争对手进行竞争的情况下，激发出强烈的斗志，奋力拼搏而获得的。

（三）创业知识与能力素质

创业知识素质是创业人才应具备的基本要素和基础要素，它要求创业者不但要有必要的专业知识，还需要掌握现代科学、文学、艺术、哲学、经济学、法学和管理科学等方面的知识，以及不盲目崇拜，不唯书唯上，敢于质疑、敢于挑战传统科学的精神。

创业能力是一种具有很强社会实践的能力，是一种能够把创业知识应用到创业过程中去的能力，是一种以智力为核心的具有较高综合性的能力，又是一种具有创造性特征的能力。在创业能力形成和发挥作用的过程中，是否具有开创型个性至关重要，因为个性心理倾向将直接影响和制约创业能力的发挥。

创业能力具体包括创新能力、理财能力、营销能力等。创新能力是个体运用已有的基础知识和可以利用的材料，并掌握相关学科的前沿知识，产生某种新颖、独特有社会价值或个人价值的思想、观点、方法和产品的能力，是人们除旧布新和创造新事物的能力，包括发现问题、分析问题、发现矛盾、提出假设、论证假设、解决问题以及在解决问题过程中进一步发现新问题从而不断推动新事物发展变化等。理财能力是指能够合理地运用和调配已有资金的能力，这是对一个创业者才能与智慧的考验。营销能力是指创业者引导产品和劳务从生产者流转到消费者或用户手中所进行的一切企业活动的能力。

（四）身体素质

一个成功的创业者首先要有良好的身体素质，创业的初期是艰难的，没有一个好的身体素质很难做好每一件事。市场竞争是永恒的，创业征途是无尽的，竞争是持久的，大学生必须具备良好的身体素质，要有足够的身体耐力，才能经受住长期的重任。事业的发展，创业的艰难，也需要创业者有一个强健的身体。

要站在创业发展的大局来看待自己身体素质的提高。这就要求我们做到以下三点：一是要提高对身体状况的重视度，把改善自己的身体素质当成一件大事来做好。二是告别不健康的生活习惯和生活方式。创业者要自律，要克服不良嗜好，要注意休息。三是要运用现代科学，培养健康的生活方式，经常参加锻炼，适时调节生理与心理平衡，合理安排工作节奏。良好的身体素质是一个创业者最重要的素质，也是必备的素质。它使创业者在创业压力、商业压力、竞争压力下，能够保持一种朝气，一种斗志，保证创业者走向成功。

二、创业能力的构成

关于大学生创业能力的构成，已有的研究主要借用创业管理学中关于个体创业能力的界定。较早提出并得到广泛认同的为蒋乃平的观点，他认为创业是一种高层次的综合能力，可以分解为专业能力、方法能力和社会能力。专业能力是指企业中与经营方向密切相关的主要岗位或岗位群所要求的能力。方法能力是指创业者在创业过程中所需要的工作方法，是创业的基础能力。社会能力是指创业过程中所需要的行为能力，与情商的内涵有许多共同之处，是创业成功的主要保证，是创业的核心能力。此种能力划分也得到了后续许多研究者的赞同和采用，如高耀丽认为大学生创业能力包括专业知识运用能力、创新能力、社会能力、经营管理及理财能力、人际交往能力、适应变化和承受挫折的能力等。团队合作能力、捕捉市场信息及通过市场分析发现人才和使用人才的专业运用能力是构成创业能力的前提，创新能力是创业能力的基础，社会能力是创业能力的核心。近期的研究仍未跳出创业管理学的研究框架，仍是在创业过程理论的指导下，提出创业技能的核心要素，认为大学生创业技能具有层次性，由创业基础技能和创业操作技能组成。创业基础技能也称为隐性技能，包括创造力、解决问题能力、决策力等技能。创业操作技能也称为显性技能，包括机会技能、资源整合技能、创业管理技能以及专业技能等。姑且不论"隐性"与"显性"的归类是否合理，这一研究在创业能力要素的选取上与前人的研究并无明显不同。

国外虽未见大学生创业能力这一特定概念，但如何有效进行创业教育却是学界持续关注的研究热点。新近的研究开始站在创业学习者角度，拟在创业教育与创业能力之间建立有效的联结，以提高创业教育的有效性，其研究成果对于我们研究大学生创业能力具有启迪借鉴作用。站在创业学习者角度，创业教育的一个重要产出是创业能力，可分为三个维度：知识，包括机会识别、开创新企业以及企业运作过程、创业过程、创新与创造、创业伦理等；技能，包括计划、组织、管理、领导、谈判、风险控制、团队与个人分工协调等；态度，包括独立、创造与想象力、好奇心、自信心、事业心、包容失败等。

第三节　创业素质和能力的培养

一、树立大学生创业素质培养新理念

大学生创业素质培养首要解决的问题是大学的人才培养理念问题。要解决政府、社会、高校、家庭以及学生对创业素质培养的认知认同，澄清认识，清除当前在创业教育上的思想障碍，为创业素质培养奠定思想基础。

政府将大学生创业素质培养提升到政策高度。《中国共产党第十七大政治报告》提出："实施扩大就业的发展战略，促进以创业带动就业"号召，国务院批转教育部《面向 21 世纪教育振兴行动计划》指出："加强对教师和学生的创业教育，采取措施鼓励他们自主创办高新技术企业。"

国家对大学生创业教育政策的提升首先要对大学生创业素质培养进行提升。社会培养大学生创业素质以服务于地方经济。我国近年来通过对经济结构调整，地方经济走上了"符合自身特点，具有地方特色"发展道路。如江苏省设置"创业创新人才奖"等奖项，浙江省提出"创业富民，创新强省"等口号，上海、宁波等地方政府，在资金支持、环境优化、政策扶持、创业孵化、创业基地建设等方面，给大学生提供了"自谋职业、自主创业"的良好平台并为来当地创业的青年人提供"创业经费"支持，鼓励大学生到地方创业，为地方经济发展作出贡献。

高校转变大学生培养模式以促进高校生存发展。我国社会主义经济转型要求培养一批综合素质强的大学生，对创新型复合人才培养的质量和数量要求均有所提高，这对高校人才培养模式提出巨大挑战。高校培养的人才综合素质是否高，创新能力是否强，实践能力是否硬，关系到高校的名誉，进而影响高校生源质量，关系到高校生存发展。因此，高校应紧跟社会潮流，转变人才培养模式，对大学生创新能力、创业素质进行培养，以促进高校生存发展。大学生转变就业观以实现自身价值，提高大学生创业素质，变被动就业为主动创业，变"输血"为"造血"。学生在学习理论知识基础上，通过实践锻炼，提高自身的创业意识、创业品德、创业能力，进行自主创业，为更多人提供就业岗位，创造出更多财富，实现自身价值。

二、建立大学生创业素质培养长效机制

树立新型创业人才培养机制，思想是行动的指导。适应社会发展的创业人才观的建立，有利于思想观念上引导我们，创造有利于创业人才培养的氛围，转变以往教育体制中形成的不适应社会发展的思想，通过各种宣传促进新的人才观的建立。

确定适应社会创业素质培养发展的培养目标，只有明确目标才能更好地对学生创业素质进行培养。首先，明确创业素质培养的内涵，创业素质包括创业意识、创业品德、创业能力等素质，是多种素质有机构成的综合素质。要培养学生的创业素质，就是要培养学生具有良好的创业意识、创业品德和创业能力，教育活动都要围绕这三项全面开展，把学生培养成视野开阔、勇于创新和主动实践的综合人才。其次，构建创业素质培养模式。我国高校在制定人才培养计划时，主要以传统意义上的就业为目的，而目前国外创业素质培养较成功的高校大都以培养学生创业素质为主。我国高校只有深化教育改革、转变就业人才培养观念，把培养学生创业素质作为一项人才发展计划，才能构建有利于提高学生创业素质的培养模式。只有培养社会需要的人才，才能促进社会的不断发展。

制定合理的培养计划。高校只有制定出具有竞争力的创业素质培养计划才能适应社会的变革。高校在制定培养计划时要根据市场经济的发展和企业需求，理论与实践相结合。根据市场经济的变化调整培养计划，开发实用型的教材，确保培养的人才质量，使培养的人才具有较强的学习能力和实践能力。

加强创业实践。首先，开办模拟公司。模拟公司较早出现于欧洲、美洲、澳洲各国家，随后在世界创业教育中盛行。模拟公司模拟实际公司运行，是根据创业程序组织学生将所学创业知识运用于实践的一种基本形式。学生通过模拟创业，将学习到的创业知识运用到实际中。其次，建立学生创业团队。鼓励有创业意向的学生自愿组成创业合作团队，如创业论坛、创业沙龙等，使有创业意向的学生互相交流创业知识，为学生将来创业积累经验。

改变学生考核体系。对学生进行创业素质的培养，改变现有的学生考核方式。以往学校只是以考试成绩来考核学生，对于学生实践能力却没有系统

的考核，更没有放在主要位置。对学生创业素质的考核方式应在以往考试成绩的基础上增加对学生实践能力的评价。在对学生创业素质的考核上应聘请企业专家与教师共同评价，为学生创业素质的培养提出参考意见，为将来学校对学生创业素质培养方式的改进提出意见。同时，可设立创业实践相关职业资格证书和等级证书，使学生创业素质和创业资格得到认证。

三、加强大学生创业素质培养师资建设

增强学生就业能力、实践能力和创新能力是社会的一项巨大工程。思想是指导，教育是重点，教师是关键。建设一支文化水平高，素质优良的创业教育教师队伍是我国现阶段的重要任务。一般来说，创业可以理解为就业的形式之一，是一种有更高要求的就业。创业必须以实践能力和创新能力为依托，创业素质教育对教师的专业知识和综合素质提出更高的要求，建立一支高水平的大学生创业素质培养教师队伍，促进创业教育的发展就必须要转变教师思想观念，调整教师对学生评价标准，转变政策导向。

转变教师思想观念，创造创业素质培养的校园文化氛围对加强创业素质培养教师师资队伍建设推进创业教育发展具有根本性的作用。创业不仅仅是自创企业，还包括在原有岗位开拓进取、发展创新，到地方帮助当地居民创业。转变学生以被雇用为主的就业观，指导学生树立创业意识，塑造良好的创业品德，提高自身创业能力，积极参加社会实践活动，时刻做好创业准备。转变"创业容易守业难"观点，在创业过程中得到政府政策支持，学校注重培养实践技能，家庭多些鼓励和信任，学生积极参加创业活动，增加社会理解与支持。调整学校对学生专业评价标准和政策引导，鼓励学校教师积极投入创业素质培养。

政府在坚持现有学生就业评价标准的前提下，对现有就业评价标准进行改革。一方面，充分发挥政府应有职能，增强对创业素质培养教师培训，扩大培训面，促进创业教育教师培训的制度化和规模化；另一方面，调整教师培养经费支出结构，完善相关法律法规，指引学校以服务为宗旨，以就业为目的，大力推进素质教育，加强对师资队伍的人才投入。通过对政府就业评价政策和学校人才培养方案进行调整，引导教师积极投身创业教育并不断提高自身综合素质，把创业教育与专业教育相结合。逐步将创业教育课程设置融入学生专业课程，将创业课程设置作为创业素质培养体系的重要组成部分，

促进创业课程与专业课程的有机结合，有效提高学生就业能力、实践能力和创新能力。

构建完善的师资队伍创业素质培养的制度机制创新模式。目前我国创业素质培养师资不足，整体素质不高并且发展不平衡，这就要求政府制定完善的创业素质培养教师任职资格规范，提高教师业务水平和综合素质；推行外引内置的"双班导师"制，即在高校本科教育中，以班为单位，在社会上聘请成功的企业家并在校内选拔具有丰富理论知识教师担任指导教师，对学生进行创业知识和能力等方面个别辅导的人才培养模式；促进教师队伍科学设置、职称结构和年龄分布的调整，增强教师队伍的团队合作。构建适合我国实际发展要求的创业素质培养模式。一名优秀的创业素质培养教师是专业知识、学科知识、就业规划和创业能力的有机统一体。德国创业教育师资队伍中"学科教育＋职业培训＋创业实践"的创业培养模式值得我们借鉴。

四、完善大学生创业素质培养课程体系

课程体系是教学理念、培养目标、管理方式、教学方法和课程教材等方面的综合体现，合理的创业素质培养课程体系是培养目标实现的保障。高校可以根据社会发展需要，借鉴国外一些高校措施，把创业素质培养课程定位在丰富创业知识、培养创业精神、提高创业能力和健全创业心理等方面，通过选修或培训，运用分组讨论、课堂授课、练习辅导、案例分析、角色扮演、游戏模拟等教学方法，系统开设创业素质培养课程。

我国高校要培养出适合 21 世纪发展的创新人才，就要改革我国现有的创业素质培养模式，构建符合时代发展的人才培养模式。我国现存人才培养模式主要存在三个问题：一是课程设置不合理，专业课程多，基础课程少；二是教学过程中注重专业教育轻视综合素质教育；三是考试重课本知识轻创新性思维培养。创业素质培养的目标就是通过设置课程来实现，学校必须完善培养学生创业意识、加强学生创业品德、提高学生创业能力的课程体系，可以通过第二课堂、学分制等形式开展创业素质教育。在传统课程基础上开设市场营销、管理、会计、税法、工商管理、法律等课程，这些课程知识是在创业过程中必不可少的。我国在构建创业素质教育课程体系尚处于初级建设阶段，即创业素质培养课程设置尚未系统化。一些高校开设了创业素质培养

相关课程供学生选修，但在创业素质教育课程体系的构建和创业素质教育的地位问题方面尚不明确，更谈不上如美国在高校普遍开设创业教育课程和建立创业学系对创业素质进行系统研究了。

课程设置是高校进行教学的关键，其中关于学生个性发展与完善以及学生主体性和创造能力的培养要落实到课程体系中。创业素质教育课程应该在传统课程基础上增加创业素质教育，突出创业指导、创业常识、经营管理、创业心理技能、财务管理、商务知识、法律税收、公关交往等内容。创业者成功经验、新技术革命内容以及国内外经济发展动向等都是创业的知识保障。因此，应该完善创业素质教育知识结构，加强创业意识，开设创业讲座，满足学生兴趣，普及创业知识，培养学生创业精神，拓宽学生知识面。在教学实践过程中，培养大学生实际运用创业知识的能力，掌握创业方法途径。在课程设置中，增加课程的可选择性，增加选修课比例，给学生更多的选择空间。在创业素质教育过程中创造一种民主、自由的气氛，激发学生积极的创业意识和创业欲望。

五、营造大学生创业素质培养文化氛围

良好的创业素质培养环境是培养学生创业素质的重要途径。目前，创业素质教育尚未得到大学生的完全接受和认可，学生对创业的认识被动、盲目、片面，对大学生创业素质的培养是创业教育的首要任务，通过营造创业教育培养氛围来培养大学生的创业素质。

完善校园创业文化环境建设。可设置大学生创业指导机构，完善创业管理体制，鼓励学生积极参加创业活动；通过开展 SRP 大学生实践研究、大学生科技竞赛、数学建模竞赛、ERP 沙盘模拟对抗赛、创业计划设计大赛等校园创业实践活动，提高大学生创业素质。创业素质的培养不仅是自身创业素质的培养，更要与社会需求相结合。在教育过程中，将学生的创业意识、创业品德、创业能力与社会需要紧密结合。

营造大学生创业舆论环境。通过电视、广播、校报、校刊、板报等方式宣传创业，树立创业志向，发扬创新精神，在高校形成想创业、讲创业、推广创业的氛围，形成开拓进取、鼓励创新、团结合作、包容失败、乐于奉献的创业环境。

宣传政府关于创业政策。高校可通过宣传政府颁布各项创业优惠政策，使学生了解国家对学生创业的鼓励与支持，增加学生创业兴趣，提高学生创业积极性。为支持高校学生创业，国家颁布多项政策，涉及开业、融资、税收、创业指导、创业培训等方面。通过积极宣传这些创业优惠政策，使学生进一步了解创业内容，增强学生创业兴趣。

第八章 创业教育课程体系构建

第一节 大学生创业教育课程体系建设的目标

正确定位创业教育的培养目标是构建创业课程内容、选择教学方式方法的基础和前提条件，目标定位的科学合理与否直接影响着创业课程实施的效果。根据我国当前创业教育的发展状况和进度，以及国家相关政策文件关于创业教育的基本要求和引导方向，我国创业教育的开展是面向全体学生，开展全校性的创业教育，旨在培养学生的基本创业素质，启蒙学生的创业意识，唤醒和养护学生的创业精神，但同时分类施教、注重引导，针对确有创业才华和实力的学生着重培养，为创业之路提供更多的支持指导和可能。在具体实施过程中创业课程内容与专业特点相结合，在掌握创业基本理论和知识的基础上，训练培养学生的创业技能和创业实践能力，使其具备创业基本素质和能力。因此，根据对创业教育目标的理解，针对我国创业教育开展情况，结合泰勒"目标源"理论，笔者认为高职院校创业课程体系的目标构建应从以下三个方面加以定位。

一、与高校人才培养目标一致

近代高等学校产生于中世纪社会发展对教师、律师、牧师和医生等专业人才的需要，社会赋予高等学校的职能就是培养人才。在多年的高等教育发展史中尽管人才培养作为大学的一个重要职能始终没有变，但人才培养的规格、内容和方式方法都发生很大的变化。因为高等学校的培养目标归根结底要反映一定社会经济发展对人才素质的需求，社会经济环境的变迁和社会需求的变化必然引起高等学校培养目标的变革。从中世纪大学产生到世纪中期高等学校一直坚持自由教育的传统，以培养"绅士"和"通才"为目标并不承担培养某一特定职业人才的任务。正如英国著名神学家、教育家纽曼所说的那样"大学教育的艺术是一种社会生活的艺术，大学教育的目的就是为了让学生适应这个世界。它既不把学生限定于特定的专业也不创造或培养天才。"大学在培养目标上并不注重专业知识而是要使培养的人才智力发达，情趣高雅直率、公正、客观、举止高贵注重礼节。那时候科学技术落后，社会分工较粗，对人才的专业性要求不高，高等学校培养通才是无可厚非的。到了19世纪后期，随着科学技术的发展和工业革命的深化，社会劳动越来越专业化，仅有发达的智力和高尚品格的绅士和通才已经难以适应社会的要求。高等学校培养的人才还必须掌握一定的专业知识和技能。这个时期自由教育传统开始萎缩，专业设置日趋多样化。在人才培养目标上开始重视培养掌握专业知识和技能的"实用"人才，即专门人才。进入20世纪后劳动力市场对专门人才的需要迅速影响到高等教育，应用性课程受到了人们的青睐。另一方面学系制的发展使学系成为负责教学工作的组织相应缩小了人才培养的口径，这样专业教育便逐渐确立了在高等学校教育内容上的主导地位甚至出现过分专业化的倾向。专业教育的迅猛发展引起很多教育家的不安。从20世纪20年代起就不断有人谴责专业教育和专业化。就像美国教育家弗莱克斯纳所说的那样，责备专业化成了当时的时尚。在二三十年代欧美高等学校试图克服过分专业化的弊端，重建自由教育培养全面发展的人或者说有教养的人。正是在这个时期美国提出了通识教育的概念，希望在专业化的时代教给学生一些共同的知识。正如哈佛大学校长劳威尔所言："自由教育的最佳目标是培养知之甚广而在某一方面又知之甚深的人。"但是无论是培养通才、专门人才还是培养全面发展的人或者有教养的人都是为特定社会的工作岗位培养人才，都是为了让毕业生找到适当的工作岗位。随着二战结束和大批退伍军人走进大学校园，面对经济亟待恢复和就业岗位不足的挑战，迈尔斯梅斯教授于1947年在哈佛大学商学院为MBA学生开设"新创企业管理"课程，彼得德鲁克于1953年在纽约大学开设"创业与革新"课程以培养学生自我创业能力为目的的创业教育在美国兴起。起初创业教育仅仅作为商学院的边缘课程而存在。随后创业学作为商学院本科生教育和研究生教育专业诞生，再到后来创业学科突破商学院的边界而成为所有学生的学习内容，创业教育逐渐成为人才培养的重要组成部分。创业教育的目的主要是培养学生个人创业所需要的观念和技能，使他们能够辨认出别人可能忽视的机会，培养他们的洞察力使他们采取可能迟疑的行动。至此高等学校的人才培养目标实现了从就业教育向创业教育的转移。正如1998年联合国教科文组织在法国巴黎召开的首届世界高等教育大会所通过的《21世纪高等教育宣言：展望与行动》所说的那样"高等教育应该主要关心培养创业技能和主动精神，毕业生将愈来愈不再仅仅是求职者而首先将成为工作岗位的创造者。"国外只是提出了创业教育的概念，我国则将创新教育与创业教育相融合提出了创新创业教育的概念，创新与创业是密不可分的，创新是创业的基础和核心，创业则是创新的重要体现形式。

创新创业教育的提出和发展基于两个基本的理念。一是创业精神和创业能力是可以通过接受教育获得的，通过创新创业教育可以培养创业人才。创业教育创始人之一彼得德鲁克指出："创业不是魔法也不神秘。它与基因没有任何关系。创业是一种训练，就像任何一种训练一样，人们可以通过学习掌握它。"另一位创业教育专家布罗克豪斯在《企业家精神与家族企业的比较研究》一文中也指出："教一个人成为创业者就如同教一个人成为艺术家一样。我们不能使他成为另一个梵高但是我们却可以教给他色彩、构图等成为艺术家必备的技能。"同样我们不能使他成为另一个布朗森，但是成为一个成功的创业者所必需的技能、创造力等却能通过创业教育而得到提升。

二、共性目标和个性目标相结合

创业课程体系的共性目标定位于开展全校性创业课程，培养学生以创业意识、创业精神、创业品质为核心的创业基本素质。具体来说，创业教育是一种针对全校范围内学生开展的，旨在通过教授创业课程，使学生掌握基本创业理论知识，具备一定的创业意识和创业精神，提高创业技能和创业能力，培养良好的创业心理品质的创业基本素质教育。高校开展创业教育的目的并不是要每个学生都去创业成为创业者，而是在创业知识的传递和氛围感染中潜移默化地影响学生的创业意识，熏陶他们的创业精神，使他们系统掌握创业的基本专业知识和创业技能，具备比较强的创业素质和创业能力，形成比较稳定的创业素养及创新性、开创性个性，成为一个具有强竞争力、强社会适应力、强发展潜力的人，无论以后自主创业还是从事雇佣工作都能够开创性地开展工作，胜任工作岗位职责和要求。

创业课程体系的个性目标定位于针对具有强烈创业愿望和有创业才华的学生，分类施教，注重引导，着重培养他们以创业实践能力为核心的创业综合能力。创业教育的最终目标或最后产出结果，是为了要把创意转化为行动或实践。在具体的创业实践中，创业者自身所拥有的由创业知识、创业意识、创业心理品质和创业实践能力四部分组成的创业综合能力素质，直接影响着创业活动的方式、效率和结果。针对不同类别的学生，高校创业教育课程体系的目标设置应有所区别，而不是一视同仁，要善于发掘那些在创业方面表现出来强烈的愿望且有特殊才华和实力的学生，着重培养他们的创业技能和创业实践能力，并为他们提供场地、资金及技术等方面的支持，为创业活动的开展和项目的后续发展提供保障和更多的可能性。高校开展全校范围内的创业教育课程，要把共性目标和个性目标相结合，使全校学生了解掌握基本创业基础知识和理论，启发创业意识，培养基本创业素质。对于在创业方面有才华、有热情和浓厚兴趣的学生要着重培养，提供校内优惠政策、资金技术及场所支持，培养创业技能，夯实创业能力。

三、与专业教育目标对接

人才培养目标涉及培养什么样的人，怎么培养人的根本性问题，是学校开展教育活动的出发点和基本依据，也是课程设置的基本依据。创业课程体系的设置是一项系统化的工程，要考虑创业课程与专业课程的融合，将创业教育的人才培养目标纳入到专业教育的人才培养目标中去，实现与专业教育目标的对接，整合学生的多种能力，而不是设定千篇一律单一的培养目标和能力目标。千篇一律培养目标指导下的高等教育培养出来的学生虽然专业理论知识精专，但是创新创业能力大打折扣，学生的个性特点被忽视，个性需求得不到满足，因此，要考虑学生的差异性，将创业教育、专业教育以及素质教育有机结合起来，将人文教育与科学教育有机结合起来，形成多层面、多层次的人才培养目标，整合学生的多种能力，使其既拥有适应未来创业所需要的创业素质、创业知识、创业心理品质、创业能力等有关理念和知识，又具备良好的科学知识素质和开朗的人文精神素养，成为专业技能、创业精神融于一身的多层面优秀人才。在专业教育与创业教育人才培养体系的构建中，人文社科专业和理工科专业分别将文化创新能力和科技创新能力纳入到专业人才培养目标中，专业与创业融合，培养专业知识精深又具有创业精神、拥有创业知识、素质、能力的社会创业人才。

第二节　大学生创业教育课程体系建设的原则

创业课程体系的设计通常包括恰当的课程形式、完整系统的课程内容、科学的评价三个方面。恰当的课程形式目的是针对高校类型的学生群体，采取什么样的形式进行课程教学。完整的课程内容设计是推动创业教育落实的基础和重要策略。科学有效的评价是推动创业教育发展的重要手段。从宏观角度，我国高校创业课程体系的设计原则可借鉴"创业教育之父"杰弗里·蒂蒙斯提出的关于创业课程体系的整合理念，遵循以下三个原则。

一、创业课程与专业课程相融合

高校课程体系的设置要考虑将创业课程融入日常专业课程内容之中，训练和培养学生的创业精神和创业素质，掌握一定的创业知识和创业技能。高校要开设创业通识课程，尽可能地扩大创业课程的普及面，授课对象不仅是经济管理类学院的学生，而是涉及全校范围内的学生。学院要对于课程的学习方式进行明确的规定，将创业教育课程以必修课或选修课的方式传授给学生，并保证一定的教学时间，学生在修满相应学时并且考核合格后可以获得相应学分，将创业学分作为课程学分的组成部分纳入学分体系。在现有的专业课程体系中融入创业教育课程，不仅是创新创业教育目标的具体要求，也是我国创业课程体系改革的目标和方向，高校要贯彻落实《国务院办公厅关于深化高等学校创新创业教育改革的实施意见》的要求，健全创业课程体系，面向全体学生开设研究方法、学科前沿、创业基础、就业创业指导等方面的必修课和选修课，纳入学分管理，建设依次递进、有机衔接、科学合理的创新创业教育专门课程群。

二、跨学科专业开设交叉课程

创业教育课程是一门涵盖创业学、经济学、管理学、社会学、心理学、法学等多学科、跨学科的创业相关理论课程，单一地开设某一类别创业课程无法达到创业教育人才培养目标的要求。虽然是全校范围内开展创业教育，由于院系自身和专业领域的特征差异，在课程内容设置和目的上都不相同。高校不仅在与商业有联系的经管学院开设创业课程，还在其他与商业没有联系的学院开设，如艺术学院、教育学院、工程学院等，有一些课程介绍与特定学科或领域相关的创业课程，混合其他多个领域，拓宽创业的概念和显示跨学科性质。学校可以整合优化创业课程资源，如金融、管理、市场营销、商业计划开发等，更加深入和深刻地学习理解创业理论。总之，创业课程设置要考虑跨学科讲授创业知识。《国务院办公厅关于深化高等学校创新创业教育改革的实施意见》对于创新课程体系提出的要求，"高校要打通一级学科或专业类相近学科专业的基础课程，开设跨学科专业的交叉课程，探索建立跨院系、跨学科、跨专业交叉培养创新创业人才的新机制，促进人才培养由学科专业单一型向多学科融合型转变。"

三、理论课程与实践课程相结合

实践性是创业教育的内在要求和本质属性。理想的创业课程应是理论课程和实践课程比例相当，甚至实践课程比例更高，要理论和实践教学相结合。蒂蒙斯最初提出的理论和实践相结合的创业课程体系，成为后续创业教育研究和各高校的主要借鉴模式。根据他的观点，理论导向型课程与实践导向型课程具有明显的侧重方向，前者关注创业理论知识，如什么是创业、如何进行创业、创业活动的开展方式和特点等，突出培养创业理论人才。后者关注现实创业实践能力的培养，即创业机会的识别、创业的实施路径、创业活动的关键步骤等。通过情景模拟、创业实习、创业计划竞赛、商业计划书撰写等活动方式，使学生获得真实的创业体验，形成敢于创新、善于创新的能力。创业人才培养不仅需要学习者掌握系统化的创业理论知识，还要求学习者体验创业过程获取创业体验和感受，只有把理论课程与实践课程有机结合，才能使学习者在获取理论知识的同时提升创业技能和能力，达到创业教育人才培养的目标。因此，高等院校在设计创业课程体系时要充分合理地安排理论课程和实践课程比例、修习顺序、学习课时等。

第三节　大学生创业教育课程体系的课程设置

创业教育是一项实践性很强的教育，高校的创业教育也离不开课堂，创业教育与普通的教育又有较大的区别，如何设置高校创业教育的课程也成了不少专家学者探讨的话题。目前，对高校创业教育课程体系的设置有三种思路，第一是按照授课内容的不同分为实践性课程和理论性课程，第二是按照课程表现形式不同分为隐形课程和显性课程，第三是按照授课形式不同划分为学科课程、环境课程、活动课程和创业课程。本文依据高校创业教育的共性目标和个性目标，将高校创业教育课程作如下体系设置。

一、创业教育的基础学科课程设置

创业教育基础学科课程是为了奠定创业者开展创业活动基础而设置的，旨在为创业者构建创业基本理论体系，使其认识创业是什么，创业所需要准备的知识和技能储备有哪些，可以从创业教育基本理论，创业知识基础和创业辅导课程三方面设置。

（一）创业教育基本理论课程设置

创业教育基本理论课程设置的目的是使创业学生认识到创业是什么，介绍最基本的创业理论。具体的课程含《创业学概论》《创业基础理论》《创业辅导》等。

1.《创业学概论》是创业教育的基础，主要目的在于让准备创业的学生认识创业是什么，并让创业学生了解创业活动需要的准备工作，创业活动的步骤以及创业活动中所要运用的知识有哪些。《创业学概论》是一门创业教育的入门课程。

2.《创业基础理论》是在《创业学概论》的基础上进一步介绍创业相关知识的课程，通过《创业基础理论》的课程让创业者认识创业者所具备的创业素质和基本能力有哪些，介绍国内外成功创业者的基本案例，以期达到激发创业者的热情，并从中了解创业企业的成长和发展历程。

3.《创业辅导》是指在介绍创业基本知识的基础上，进一步阐述创业活动的现实意义，以及创业活动的未来发展，并适当讲解创业活动中的行为和思维方式。在创业活动过程中了解市场，充分利用各种资源和合理处理各种人际关系和发展问题。

（二）创业教育专业理论课程设置

创业教育专业理论课程设置旨在详细为创业学生讲解创业过程中所需要的知识，主要包含《创业法律基础》《创业案例研究》《管理学》和《市场营销学》。

1.《创业法律基础》是开展创业教育的最基础课程，目的是为创业学生介绍我国的法律环境，主要是与创业过程有关的法律法规都应纳入本门课程中，具体可包含《公司法》《行政法》《知识产权保护法》《劳动法》《环境保护法》《合同法》等。通过《创业法律基础》课程的学习，让创业学生能够知法、懂法、守法，在法律范围内开展创业活动，做到自己不犯法，也懂得用法律保护自己。

2.《创业案例研究》是让创业者了解真实案例，并通过成功和失败的创业案例分析原因，找到成功或失败的关键环节，为自己在创业实践活动中吸取宝贵的经验，并能够从失败案例中吸取教训，避免重蹈覆辙。

3.《管理学》是企业管理的基础性课程，创业者必须了解管理学，通过《管理学》课程的学习使创业者在创业活动中学会计划、组织、管理、决策等管理中常规性的过程和步骤，学会对市场做出正确的评价和选择，提高把握市场机遇的能力，最终达到以最小的成本投入获得最大利润这一目标。

4.《市场营销学》是一门介绍市场基本规律和特点的课程，通过《市场营销学》的学习，让创业学生对市场这一概念有深入的认识，为其在创业活动中把握市场机遇奠定基础。《市场营销学》主要介绍市场环境，消费者市场行为以及如何进行市场分析，选择合理的营销策略，对市场营销活动的基本程序和方式方法有详细的了解和认识，使创业学生在创业活动中正确运用市场营销手段，获得市场份额。

（三）创业教育辅助课程设置

创业辅助课程是为进一步提升创业学生的创业活动质量而设立的，创业辅助课程体系是一类由多学科构成的课程体系，应根据不同创业学生特点来设立，应充分考虑创业学生的学科背景、知识基础、兴趣爱好等特征来开设，应尽可能地满足不同的需求。创业辅助课程体系还应将重点放在激发有创业意愿学生的创业兴趣，培养企业家精神，注重创造性思维的培养，开阔学生视野等方面。创业辅助课程体系在全校内以选修课的形式开展，创业学生可以根据自己的爱好选择不同的课程来学习，以达到提高创业教育质量的目的。

二、创业教育的活动课程设置

创业教育是一门实践性很强的课程，因此，创业教育课程改革中活动课程的设置尤为重要，创业教育的活动过程旨在让创业学生通过具体实践，了解创业活动的整体流程，并在具体创业活动中找到自己感兴趣的方向，能够将自己所掌握的知识、信息、技能和资源具体运用到一项实实在在的创业活动中去，真正实现创业的意愿，在此过程中能够了解和掌握创业活动的基本细节，为真正开展创业活动奠定坚实基础。创业教育的活动课程可以从以下四方面来衡量。

（一）创业教育集体活动课程

创业教育集体活动课程具有广泛性的特征，该活动课程是根据学校的总体创业教育目标，面向全校创业学生而设置的，旨在达到全面认识创业活动，了解企业真正运作流程和目的。开展形式可采用报告或讲座形式，由学校出面，邀请创业教育专家或成功创业者与创业学生开展面对面的交流，使创业学生能够从他们的亲身创业经历中获取所需，起到培养创业学生创业精神和提高创业素质的作用。

（二）创业教育专题活动课程

创业教育专题活动课程是在创业教育集体活动课程的基础上，专门针对创业活动中某个环节而开展的创业教育实践活动。创业教育专题活动课程所选择的专题环节一般是创业活动中重要的环节，如营销环节、决策环节。当然，也可根据创业学生的要求，就他们某一个感兴趣的环节或是他们认为困难的环节而开展主题活动。创业教育专题活动通常采用商业计划竞赛的形式组织开展活动，能够培养和锻炼创业学生的团队合作意识、竞争意识等。常见的创业教育专题课程有模拟营销大赛，参观企业了解企业文化和企业运作流程等。

（三）创业教育项目活动课程

创业教育项目活动课程是按照高等学校开展创业教育的目标，在创业教师的引导下，创业学生在明确自己创业活动的主题下，自行设计创业活动项目。并且在学校的支持下，亲自实践自己的创业活动，最终完成整个创业活动。然后再对自己的创业活动全过程进行自我批评、自我总结，以期来丰富创业学生的创业经验。通过对创业教育项目的实施，强化创业学生在创业过程中的独立判断能力，自我管理能力，培养创业学生的基本素养，使学生在项目活动过程中得到锻炼。

（四）创业教育项目潜在课程

创业教育项目潜在课程强调的是在高等学校里营造一种创业活动氛围，通过这样的创业活动氛围来潜移默化影响创业学生，以达到培养学生的基本创业品质，提高学校创业教育发展水平和质量为目的。创业教育项目潜在课程手段可通过学校已有的条件来实现，可开展企业家校友事迹展，邀请知名企业家定期开展交流会，激励学生开展创业活动，培养学生的创业精神。

三、创业教育的实践课程设计

创业教育实践课程有利于提高大学生对企业知识的运用，培养大学生的创业技能，有利于开阔大学生的视角，发挥大学生个人技能。创业教育实践课程主要分为创业模拟实验和创业实践两种形式。

（一）模拟创业实验

模拟创业实验过程是一种创新仿真实验，学生可以模拟体验创业者经历的各个阶段，体验从创业策划、创业项目选择、团队组建、如何管理企业、产品如何推广的整个创业历程。模拟创业实验还可以通过案例分析形式进行，使学生身处具体案件之中，将自己想象成创业者，并且分析自己在解决创业过程中出现的问题与做法。模拟创业实验要开设《沟通技巧与训练》《商业营销模式》《商务案件分析》《商业计划与培训体验》等课程。

（二）创业实践

创业实践是为了将创业理论与实践结合。大学生创业实践可以通过两种方式进行：一方面可以利用校内的专业实习平台，让学生进入学校的后勤、投资等部门进行体验，使其能够积累丰富的与人交往的社会经验；另一方面可以开展校企合作方式，通过与企业的沟通和洽谈，让更多的学生进入企业内部实习，能够了解企业的经营与发展模式，积累处理各种问题的经验，为创业打下坚实的经验基础。

第四节　大学生创业素质的培育体系

一、学校制度培育体系建设

创业精神的培养不一定要从大学生开始，可以从孩子抓起，逐渐培养创新创业意识。但是大学期间由于大多数学生已经成年，能够更快、更容易理解创新精神。为了使高校能够为国家培养出更多优秀的人才及企业家，建立创业教育的制度保障体系意义重大。

（一）转变教育思想，大力开展"创造性教育"

"适应性教育"是我国教育的主流形式，不可避免地具有传统教育的一些缺点，长期实行"适应性教育"严重阻碍了学生的创新意识形成，阻碍了教育的创新，这也是我国教育改革必须要解决的重要问题之一。只有改变传统的教育观念，给学生创造更多的空间，才有利于培养学生独立思考的意识，形成创业观念，可以与时俱进、打破常规、大胆创新。我国应将创业精神的培养作为教学内容，社会发展需要不同的人才，单纯的传统教育已经不能满足社会对于创业型人才需要。高校应改变传统的人才培养机制，转变传统的毕业就业观念，引导更多学生创业，使学生从单一型人才逐渐向社会需要的复合型人才转变。学校要从"适应性教育"向"创造性教育"过渡，使学生掌握更多的社会技能，能够在社会竞争中得以生存，并取得一定的成功。

（二）学习国外先进经验，打造创业基础

美国是一个崇尚自力更生的国家，教育方式与我国大为不同。美国的教育更注重实用性教育，注重对孩子商业头脑的培养。美国从幼儿园时期开始

就让孩子知道经济的目的，以及如何把握经济的自主权，让其模糊地知道这些概念。美国的教育比较开放，创新创业教育体系也十分完善。在美国加州，创业教育是一门基础课程，学校为学生普及金融知识，市场营销方式及投资的方法，积极努力培养企业的"未来经理人"。法国的某些地区也积极开展创业教育活动，如开展"在中学办企业传授生意理念"等活动，目的是培养学生对创业的兴趣和意识。根据美国和法国的创业教育活动就可以看出，创业意识的培养至关重要，尤其对学生经济基础商业意识的培养。我国应根据发达国家的创业教育实践，从儿童时期抓起对创业意识的培养，在中小学的课程中适当加入经济学知识，开展商业体验型活动，提高学生的创新兴趣，为未来创业打下坚实的基础。

（三）深化高校教学改革，构建现代创业教育模式

目前，我国创新精神和创业实践能力的培养是高校教育相对薄弱的一个环节。高校应加强教育教学内容的改革，积极营造良好的校园创业教育氛围，建立新型的创业教育模式。高校应开设创业相关课程，如经济学、管理学、心理学、法学、企业管理等，打破学科之间的壁垒，进行学科交叉互补的教学新模式。同时学校应积极营造创业环境，加强学生的创业观念，使学生发展成为社会需要的复合型人才。学校可以开展一些创业相关活动，如"开展创业计划大赛""模拟商业竞赛""模拟营销大赛"等，通过这种形式，使学生能够亲身感受创业的环境与氛围，有利于学生创业意识的培养。学校还应该加强校企之间的合作，让学生能够深入企业之中体验，让学生能够在实践中真正意识到创业的过程充满了挑战。认识企业生存，发展的关键因素，有利于为大学生自主创业提供宝贵的经验。

二、国家政策培育体系建设

目前，我国的社会就业压力较大，创业渠道相对狭窄，学生的创业意识不强，为了增强学生创业意识，政府应该不断采取鼓励政策，支持大学生创业，为大学生创业提供资金、技术和场地等方面的优惠政策。一部分有创业意识的大学生由于缺乏资金，不能将梦想变为现实，这时需要政府给予优惠政策，提供资金支持。总之，我国应该建立政策保障体系来支持大学生创业。

（一）创业制度宽紧结合，创业政策灵活便捷

我国的创业制度总体来说不够健全，没有实现宽紧有度的结合。政府在创业制度的建设中更多的是依赖经济政策，法律法规来约束创业企业的行为，但是从长远角度来看，这种创业制度不利于企业生存和发展。从整个大的社会环境来看，政府应该建立宽紧有度的创业制度，应该根据创业企业的生存发展需要，合理地调整创业制度，不能过紧，也不能过松，保持适度。如果创业制度过松，容易导致资源的低效配置，严重浪费社会资源，不利于企业的健康发展。如果创业制度过严，比如新的企业成立程序过于复杂烦琐，对企业的融资进行严重限制，过多的征税条款容易使企业面临经营困难，使企业家对企业的发展失去信心，损害了创业者的创业热情，最终不利于企业经济效益的实现和长期发展。

在灵活便捷创业政策建立方面，美国灵活的创业政策体系具有借鉴意义。美国的创业环境比较宽松，创业政策较灵活，一个富有创业意识的人，只要你拥有创业的好想法，在不违反市场经济准则的情况下，可以很快地注册公司，并且手续与程序均十分简单。灵活的创业政策，政府在其中的主要职责在于，第一，给予创业者提供资金方面的扶持。美国的小企业创业贷款相对宽松，只要符合条件，企业都可申请，政府职能是帮助他们解决资金方面的问题。第二，政府向创业管理阶层提供咨询服务。政府有责任向创业企业的管理阶层提供市场需求、技术应用等方面的信息，以便促进企业能够更好地发展。第三，创业企业可以获得"公平份额的联邦政府购买"。在美国的所有消费群体之中，最大的消费群体就是联邦政府，联邦政府每年都会向企业购买自己发展所需要的商品和服务，这时创业企业也可以成为联邦政府提供商品式服务的企业。第四，政府出台一系列有利于中小企业减负的政策，减轻创业企业的发展负担。第五，健全信用担保问题一直是制约中小企业发展的重要问题，健全信用担保体制有利于满足创业企业的资金需求，为发展提供了充足的资金保证。第六，政府鼓励创业企业技术创新。技术的创新有利于中小企业在市场中不断改进技术、改善经营管理。

总之，美国政府为促进创业，采取了一系列有利于企业发展的政策，不仅在资金技术、信贷等方面支持，更重要的是国家对创业者热情的一种激发。与美国相比，我们国家的创业政策还不够完善，政府对创业企业的保障制度

不够健全,我国应该借鉴美国的经验,简化创业办理手续,加大创业扶持体系,完善信用担保政策,鼓励创业企业技术创新,使我国政府的创业政策,真正实现宽紧有度、灵活便捷。

(二) 完善创业法律制度,支持创业事业发展

西方发达国家在促进创业方面采取了诸多措施,其中法律与法规体系的建立有着十分重要的意义。如美国、日本、德国、法国等国家都是以立法为前提条件,在此基础上制定了保护人民创业的权利的法律,如《投资促进法》《专利法》《投资公司法》等。这些发达国家的经验表明,法律制度和体系的建设有利于为社会创造良好的创业环境,有利于保护创业者的合法权益。

自改革开放的多年来,我国政府逐渐认识到法律法规对创业企业的影响。1988年的全国人民代表大会使创业相关的法律法规在宪法的修正案中得以通过,我国开始允许个体与私营经济独立发展。1993年,我国颁布了《公司法》,其中提及有关创业创新等相关法律,有利于创业企业的生存和发展。进入21世纪以来,随着经济和科技的快速发展,国家对创业相关法律正在逐渐完善,尤其是国家鼓励大学生创业和农民工返乡创业,并给予一定的支持和相关法律的保障。但是与发达国家相比,我国的创业相关法律法规仍不够完善,政府应该加快建立有利于创新企业发展的相关法律法规,确保创业企业公平、健康、有序地发展。

(三) 完善创业风险投资体制,建立创业多元基金来源

创业具有一定的风险,创业资本也可以看作是风险资本,风险资本的融资相对比较困难,尤其是对于刚走出校门,步入社会的大学生群体来说,风险资本的筹集变得难上加难。由于我国的国家信用评价体系尚未确立,企业家对于风投行业热情度不高,风投体系本身也存在诸多不够健全的问题,这些就使得创业企业的资本融资缺少信用的保障。

美国是较早建立完善风险投资机制的国家,美国高校学生创业的比例较高,他们创业资金来源是依靠风险投资者的投资和政府贷款。美国高校学生的创业增大与健全的风险投资体系紧密相连。美国的风险投资体系主要体现在一是贷款利率较低,并且企业可以直接申请贷款,贷款条件相对宽松;二是企业可以进行担保贷款,可以用资产担保,也可以用个人信用进行担保。

随着市场经济不断发展，我国应该不断引入新市场主体，创业企业成为新的存在主体，并可以在经济制度的发展中起到不可或缺的作用。为保证创业环境的公平，我国应学习美国的经验，不断完善创业相关法律法规体系建设。首先，完善中小企业的融资体系，积极发挥小企业及创业企业在我国经济中的作用，建立健全风险投资机制，为创业企业提供资金支持。其次，国家应出台创业相关法律法规，从法律角度维护创业企业的公平竞争，为创业企业的发展建立一个良好的法制环境。最后，对创业企业实施税收优惠政策，不对风投企业进行双重征税，建立有效的风险投资企业的退出机制，确保创业企业和风投企业可以实现互利共赢。另外，在资金来源方面，除自己筹措、政府划拨之外，还可以信贷，可以募集，可以担保抵押，形成多元的创业资金来源渠道，促进创业的发展。

第九章　高校创新创业教育模式研究

第一节　基于实践导向的高校创新创业教育模式

我国高等院校创新创业教育存在着一系列突出的问题，尤其是忽视实践环节，造成重理论轻实践、实践环节形式化、理论教学和实践环节脱节等现象的出现，严重制约了大学生的个性发展和创新创业能力的提高。有鉴于此，本章首先阐述了高校创新创业教育中的实践缺失，其次提出了基于要素体系重构高校创新创业模式，最后探讨了校企合作视域下高校创新创业教育模式。

一、高校创新创业教育中的实践缺失

（一）高等院校创新创业教育与学校的人才培养体系未能保持高度一致性

目前，我国高等院校创新创业教育仍然以操作、技能方面的相关活动居多，且多数在课外进行，没有将创新创业教育列入学校整体发展规划中，没有真正融入学校的人才培养体系中。高校应将创新创业教育作为学校深化改革的着力点，并将其纳入人才培养全过程。

（二）高等院校创新创业课程体系需进一步完善

首先，长时间以来高等院校创新创业教育一直被置于"边缘化"的位置，课程开设是零星的、不成体系的，课时较少，教学效果未能达到预期目标。其次，没有清楚地认识到创新创业教育与专业教育两者之间的关联性，未能将创新创业教育内容有效地融入专业教学中，造成学生无法将所学创新创业

知识运用于现实创业实践中来。最后，创新创业课程的开展存在时间上与空间上的限制性。传统的学分制与授课方式使学生陷入两难境地。从事创业实践的学生尤其是项目负责人，普遍将主要精力用于创新创业项目实践，而无法集中时间进行课程学习。

（三）高等院校创新创业教育实践环节的缺失

高校创新创业教育的最高级形式是创业实践，创业实践是提升大学生综合能力的最有效路径。但是，目前我国高等院校普遍存在创业实践的资金投入不足、实践基地有待完善、校企合作效果不佳等问题，使得创新创业实践活动流于形式。

（四）高等院校创新创业教育忽视了为学生提供相关服务

一方面，高等院校中拥有创业经历的教师和"双师型"教师数量不足。教师自身实践技能缺失，导致无力开展相关课程的教学，不能有效地帮助学生提高实践能力和进行创新创业。另一方面，高等院校比较重视学生的创新创业教育，而对刚踏入社会的毕业生关心不够，后续服务跟不上。

二、基于实践导向的高校创新创业教育模式的优化路径

（一）加强创新创业顶层设计，强调实践育人思维

加强高等院校创新创业教育顶层设计。首先，满足学校深化改革、实现内涵式发展的需要，保持与学校人才培养目标和方案的一致性。其次，坚持以综合性、全局性为核心，在加强特色学科与专业建设的基础上，构建具有本校特色的创新创业教育模式。再次，凸显实践育人的能力，时刻关注政府、企业、社会以及学生的发展需求，并据此不断调整创新创业教育模式。最后，形成上至管理者下至一线教师、学生都重视创新创业教育的良好局面。

（二）优化创新创业课程体系，突出实践育人内容

1. 改良创新创业具体课程结构，探索分阶段实训教学

第一，创新创业课程结构的改良应满足创新创业教育开展的目的，即提升学生的创新意识、创业素质、创业实操能力及增加创业知识等，并据此开

设相关课程，促进理论课程与实践课程的统筹协调。创新意识类课程开设的目的是激发学生的创意，培养学生收集信息与判断商机的能力，如创新意识与创新思维、大学生职业生涯规划等课程；创业素质类课程开设的目的是让学生掌握将一个个创意发展为创业行动的方法，如市场调研、典型案例分析等课程；创业实操能力类课程开设的目的是使学生在专业实践中体验创新创业活动，如模拟创业、创新创业项目等课程；创业知识类课程开设的目的是传授学生在现实创业实践中所需具备的知识，如企业融资、市场营销、公共关系等课程。以上四类课程构成了创新创业课程体系。

第二，高等院校应将创新创业课程贯穿人才培养的每一个环节。具体来说，创新意识类与创业知识类课程可以设置在大一、大二，这样能够有效解决此阶段学生缺乏创新意识与创业精神的问题，引导他们根据自身专业背景、兴趣爱好制订职业生涯规划，树立切合个人发展的职业目标。创业素质类与创业实操能力类课程可以设置在大三、大四，让学生在前两年专业学习与创新创业能力培养的基础上，找到正确的创业方向，有针对性地开展创新创业实践活动，进而可以深入分析现实创业中可能遇到的复杂问题。

第三，促进创新创业课程与专业课程有机融合，实现两种课程的无缝对接。一方面，将专业教育内容引入创新创业课程教学之中。创新创业课程应具备专业属性，紧扣专业特点，为不同学科与专业背景的学生提供更具针对性的创新创业教育，以满足市场对人才在能力、素质、知识与技能等方面的要求。另一方面，将创新创业教育内容纳入专业课程体系。一是将专业课程教学作为人才培养最重要的环节，应以创新创业教育为切入点，不断深化课程改革，构建"创新创业＋专业"的新型课程体系。二是以特色专业为基础，在彰显专业特色的同时，适时融入创新创业教育内容，打造属于各高等院校的创新创业教育特色。三是在对专业课程教材进行改编或者教师在对教材内容进行二次加工的时候，可以适当加入一些创新创业教育内容，使学生能够依托专业背景获得与之相关的创新创业能力。

2. 采取"必修课＋选修课"相结合的模式，引入在线创新创业课程

首先，拓展课程资源，构建"必修课＋选修课"模式。高等院校应坚持"广谱式"理念，面向全体学生开设创新创业课程。同时，根据学生的专业背景、所就读年级差别开设多种课程，以供学生选修。其次，当创新创业教育遇上"互

联网+"，便衍生出一大批包括慕课、微课、翻转课堂、网络公开课等在内的在线数字化创新创业课程，建构起以学生为中心的课程模式。这就要求学生主动进行课程预习，教师引导学生课上进行讨论，学生课后完成任务巩固学习成果，从而使其创新创业能力切实从课程教学中培养起来。最后，探索多学科交叉、跨学科选课，扩大学生的知识面。

3. 优化创新创业课程运行方式，提高课程开展的灵活性

首先，采用参与式教学、探究式教学、典型案例专题讨论等课程开展形式，突出学生的主体地位，吸引学生积极主动地参与到课程中来，解决大班教学学生参与度低的问题，提升学生的思辨、自我认知与批判的能力。其次，采用完全学分制，探索将学生进行创新创业活动的情况按一定比例折算为学分的方法，即经过"学生申请—任课教师批准—学生公开答辩—学生成绩合格"这一程序后，学生能够在免修该课程的前提下获得相应学分。最后，采用弹性修学制，使学生根据创业的实际进展，分阶段完成学业，延长修学年限让他们安心地投入创业实践中。

（三）构建创新创业"生态圈"，丰富实践育人方式

为了能够将各要素整合运用、促进实现创新创业价值的最大化，高等院校应探索"多位一体"的创新创业"生态圈"，以发挥多元育人方式的集约效应。

一是拓宽实践平台，促进创新创业项目"落地开花"。高等院校应借助政策优势，加大投入力度，建设创业基地，搭建众创空间，统筹政府、社会等多方力量，为大学生参与创新创业实践拓展空间。

二是开发校友资源，发挥校友的示范引领作用。高等院校应建立与完善校友会，定期组织校友之间以及校友与在校生之间的交流活动，在增进彼此感情的同时，能帮助在校生解决有关创新创业的问题；邀请校友回校，使其将自己的创新创业成果与经验分享给在校生，为在校生创新创业活动的开展注入"强心剂"；发挥校友的榜样力量，邀请他们来校担任兼职就业导师。

三是深化校企互动，引入社会第三方合作。一方面，高等院校可以加强与企业的深度合作，发挥成功企业家的榜样作用，邀请他们担任创业导师或

兼职教师，为学生带来真实的创业经历与经验分享；发挥科研优势，引企业入校，校企合作共建科研机构，为学生带来更多的实践机会；拓展合作渠道，将教学场地拓展到企业。另一方面，高等院校可以加强与社会第三方的合作，如社会组织为学生创新创业项目提供资金支持、项目评价等。

四是丰富社团活动，发挥创新创业大赛的培育作用。一方面，高等院校积极支持建立高校创新创业社团，并加强对其管理，使其能够规范、健康地运作。另一方面，高等院校积极组织学生参加各类创新创业大赛，培养学生利用专业知识解决实际问题的能力，提高学生的创新创业能力。

（四）完善创新创业"一站式"服务，强化实践育人作用

第一，高等院校应加强专兼职教师队伍建设，促进教师理论水平与实践能力的同步提升。例如，聘请创业成功人士或校友来校担任专兼职教师，并承担起为在职教师提供相关培训的工作；搭建学习交流平台，让在职教师有更多的机会去企业挂职，从而能够更好地开展创新创业课程教学；将创新创业教育开展情况纳入教师考评。

第二，高等院校应为学生提供"一站式"创新创业服务，保障学生创新创业活动的顺利开展。例如，完善高校创新创业指导中心的职能，使学生在创新创业过程中遇到问题时知道该去哪里寻求帮助；完善信息服务体系，使学生能够及时获取外界信息，实现内外联动，强化实践育人；完善对刚毕业大学生创业实践的跟踪服务，为他们提供及时的帮助，引导他们渡过创业初期的难关。

第三，实践活动与高校创新创业教育之间存在一定的内在关联性。实践活动不仅丰富了学生的课外生活，使创新创业的"种子"在实践的"沃土"中生根发芽，而且使学生提升了自身的创新创业能力，为今后的职业生涯发展奠定了良好的基础。

第二节　基于要素体系重构高校创新创业教育模式

高校创新创业教育要素体系包括核心要素、基础要素和制约要素，这些要素有机统一于该教育的全过程。从这一角度出发，本节提出应厘清教育者与受教育者的关系，突出学生主体地位；厘清教育目的与教育内容的关系，丰富教育内容与手段；厘清教育情境与教育资源的关系，统筹管理教育资源；厘清教育评价与教育反馈的关系，完善教育评价体系，以此重构高校创新创业教育模式，为社会发展培养更多的应用型人才。

一、厘清教育者与受教育者的关系，突出学生主体地位

高校创新创业教育过程中的核心要素是教育者与受教育者，两者有一个共同的属性，即"人"。在高校创新创业教育中，学生的主体性具体体现为学生的自我教育能力与个体的社会化。这就要求高校厘清教育者与受教育者的关系，突出学生主体地位，具体来说要做好以下三个方面的工作。

（一）厘清教育者与受教育者的关系，平衡两大主体的关系

传统的教育模式已经无法适应现代人才培养的需要，平衡好基础要素中教育者、受教育者两者之间的关系尤为关键。

第一，降低学生对教师的依赖性。创新创业注重过程，教师要培养学生积极的创新创业自主意识，使其明确创业动机、过程以及目标，鼓励学生更多地参与进去，逐渐脱离教师的帮助，对创业形势进行独立思考，将所学的知识灵活地运用到实际创新创业中。第二，消除师生之间的制约性。目前创新创业教育存在诸多问题，如学生基础薄弱、高水平创新创业师资力量普遍缺乏等。因此，在创新创业教育过程中，教师要针对学生基础薄弱的问题，做到循序渐进、因材施教。同时，学生学习不能局限于教师上课内容，要充分利用课外时间，拓展课外学习内容，注重实习实践。第三，在创新创业教育中实现"授人以渔"，而不是"授人以鱼"。大学生对创新创业的认识不深，且难以把握时代发展契机、了解市场需求。作为引导者的教师，应该在平时的教学过程中注重结合时代发展需求，帮助学生树立创新创业思维，完善创新创业教育知识体系，做到"授人以渔"。

（二）注重学生的未来发展，突出学生的主体地位

第一，注重学生的未来发展。创新创业教育应做在当下，谋在未来。教师不仅要帮助学生明确创新创业的方向，树立正确的创新创业观念，还要培养学生的创新创业素养与能力，为学生未来的发展奠定坚实的基础。第二，突出学生的主体地位。教师要改变以往对创新创业教育的认知和观念，树立以学生为中心的思想，改变以知识灌输为主的课堂教学方式，充分发挥学生的主观能动性，给学生足够的话语权，构建有利于学生进行创业交流、创业评价、创业信息反馈的课堂教学模式。

（三）着眼学生的个性发展，面向全体学生开展广谱教育

第一，关注学生个体的差异性。大学生的兴趣爱好、特点优势、学习能力等都不相同，教师应注重学生的个体差异，根据学生的学习需求为其提供不同层次的帮助，构建低等、中等、高等难度的创新创业知识体系，照顾到每一个知识层次的学生，让每一名学生都有效地掌握创新创业知识，形成创业技能和创业发展能力。同时，教师应该充分尊重每名学生关于创新创业的想法，并且帮助他们树立创新创业自信心，做好创新创业的合理规划，帮助每名学生的创新创业梦想都成真。第二，针对全体大学生，积极开展广谱教育。广谱教育是一种面向全体学生的，结合其专业所进行的创新创业教育。广谱教育更具综合性，强调在专业教育的基础上提升学生的创新思维、创业能力。

二、厘清教育目的与教育内容的关系，丰富教育内容与手段

（一）基于素质教育背景，实现创新创业教育与通识教育的完美对接

创新创业教育要素体系强调以素质教育为前提，使创新创业教育与通识教育对接。高校不仅要开设基础性的通识课程，也要开设目标明确的创新创业课程，促进创新创业教育与通识教育的融合，为大学生专业发展提供多样化的交叉课程。另外，高校在创新创业教育课程中要注重将核心要素、基础要素、制约因素明确区分开，加强核心要素和基础要素的构建，消除素质教育中的制约性因素。要充分利用优质教育资源，针对学生在每一创业阶段所需要的品质，将通识课程中相应的理论知识融入教学内容。

（二）基于学生专业发展，实现创新创业教育与专业教育的有机融合

高校应立足学生的专业发展，将创新创业教育纳入专业人才培养体系中，贯穿人才培养的全过程，激发学生创新创业精神，提升人才培养质量。创新创业教育不能孤立地进行，而应该依赖于专业教育。高校在对学生进行专业知识、专业技能及职业素质培养的同时，适时融入创新创业教育，以人为本、因材施教，培养创新创业型人才。

（三）基于价值观培育，实现思想政治教育与创新创业教育的协同发展

思想政治教育引导大学生树立正确的价值观念，形成科学的思维方式，完善道德素质和人格品质，与创新创业教育在提升大学生的综合素质与核心能力构建上互为补充。思想政治教育为创新创业教育提供价值观引领，创新创业教育为思想政治教育拓宽学习领域，高校应努力促进思想政治教育与创新创业教育的协同发展。在理念上，强化大学生思想品德教育、完善人格、健全心智，同时培养学生的创新创业精神，激发学生的创新创业热情。在内容上，将思想政治教育融入创新创业教育的内容，在思想政治教材内容中填充、挖掘创新创业教育的内容，并做好相关的更新、拓展工作。

三、厘清教育情境与教育资源的关系，统筹管理教育资源

创新创业教育要素体系建设应该重构富有情景化的教学模式，不仅使教育内部各个要素之间可以实现和谐发展，而且能够连接并合理充分地利用其他教育资源，最终形成一个内外融合、包容并蓄的创新创业教育生态体系。

（一）链接全球资源，构建教育生态圈

第一，在全球经济发展的大背景下，高校创新创业教育应该重视国外教育资源的引入，构建全球性的创新创业教育生态圈。具体来讲，高校应加大对学生创新创业实践能力的培养力度，用国际化视角为学生搭建各种创新创业的平台，可以积极引进国外创新创业项目经验和科研成果，指导高校创新创业项目的开展。第二，在国内创新创业蓬勃发展的环境下，高校创新创业教育应该重视国内教育资源的融合，构建全国性的创新创业教育生态圈。例

如，高校可以制订"创新创业教育改革行动计划"，实施"万门课程建设""双导师"制度及"高水平互动式—小班化"等课堂教学模式改革，打造高水平的创新创业教育平台。

（二）整合区域优势，实现教育精准化

目前高校创新创业教育比较碎片化，教育定位还不够精准，学校应该在实施创新创业教育过程中注重结合当地教育区域资源的优势，融合有利元素，打造具有地方特色的教学模式。一方面，整合区域创新创业教育资源优势，瞄准地域发展方向，精准为区域经济发展源源不断地输入创新创业型人才。在创新创业的形态布局上，高校应整合区域优势资源，构建一个集组织形态、教学形态、制度形态、空间布局形态等为一体的文化形态区域圈，营造良好的创新创业教育氛围，将创新创业教育文化多方面融入人才培养全过程。另一方面，通过多种途径收集区域内的创新创业信息，并适时融入创新创业教育课程，使学生所学知识能对接市场需求，为学生的创新创业发展奠定基础，同时使学生明确自身的创业方向，借助各种区域平台优势，进行有针对性的实践锻炼，得到真实的创新创业体验。

（三）利用校友资源，共筑成长共同体

第一，充分利用校友资源，邀请往届创业成功的校友返回学校开设创新创业讲座，为大学生提供创业市场的时讯，并且给予指导；第二，聘请从本校走出去的创业成功人士回到校园内传授创新创业实践经验，指导大学生学习相关知识，参与集体讨论，交流心得体会，提升并解决创新创业实际问题的能力；第三，依托校友，引入地方创业的优秀成功的企业家，邀请其参与高校开展创新创业课程以外的校内活动或者参与到学生的实践项目中。

四、厘清教育评价与教育反馈的关系，完善教育评价体系

（一）建立过程评价和结果反馈相结合的教育评价体系

创新创业教育极具灵活性，教师难以准确掌握学生在各个环节中的表现，因此，在创新创业教育要素体系重构中要注重构建多种评价模式并行的教育评价体系。

第一，建构阶段性的评价模式，针对高校创新创业中的各个要素体系进行评价，将评价策略重构为过程与结果相结合的创新创业教育评价模式。第二，建构内外结合的评价模式。一般来说，创新创业教育评价具有两个核心环节：一是对教师创新创业教学工作的评价，包括对课堂内外的教学设计、组织、实施等活动因素的评价；二是对学生的学习效果进行评价。在创新创业过程中，高校应将评价身份由"主体—客体"转化为"双向性的主客体"，变被动为主动，变片面为全面。第三，创建多元立体的评价体系。将高校创新创业思想创造、能力培养、个性发展等方面的表现，全面及时、精准有效地实施教育评价。

（二）建立自我评价和外部反馈相结合的教育评价体系

高校应在充分考虑各相关者利益的基础上，完善创新创业教育评价体系，构建集自我评价、师生互评、家长评价、社会介入评价、现代信息技术平台辅助评价等为一体的评价体系，实现教育评价过程细节化。

第一，在实施创新创业教育评价时，高校应根据大学生的创新创业能力高低来进行评价，如按照学生对创新创业知识的熟识程度，将与之相对应的创新创业能力划分为"了解、理解、掌握、应用"等不同层次。第二，学校应以评价促进创新创业课堂改革。在评价主体、评价方式、评价内容多元化的基础上，学校应从教师评价、学生自评、学生互评、当堂测验、评价效果五个方面对课堂教学效果进行评价，并以此为依据不断进行创新创业课堂改革，提高创新创业课堂教学评价的效果。第三，注重外部反馈评价。教师应重视外部反馈评价，梳理信息，总结问题和经验，为提升创新创业教育的实效性提供指导。

第三节　校企合作视域下高校创新创业教育模式

随着经济的发展，越来越多的大学生改变了传统的就业观念，加入了创业的行列，但是一些大学生的创业理论较为欠缺，很难满足实际操作的需要。因此，为了解决这一问题，很多学校通过与企业合作的形式来对大学生进行创新创业的指导，以提升大学生的创新意识和创业实践的能力。

近年来，随着就业压力的增长，大学生求职的竞争越来越激烈，导致很多大学生毕业后都选择了自主创业。为了帮助学生树立正确的创业观，很多学校都开设了就业指导课程，通过案例分析对学生进行引导。同时，学校还与一些企业进行深度合作，联合创办一些创新创业基地，以便更好地将理论与实际相结合，为学生提供资金和技术上的支持，帮助大学生完成角色转变，加强大学生的创新意识，鼓励大学生进行创新创业，提高大学生创业成功的概率。

一、校企合作视域下创新创业教育的必要性

一是实现人才培养的目标。教育的目的就在于人才的培养，通过人才的培养以推动技术的发展创新，从而推动我国科技的发展，建设创新型国家。近年来，国家提出了以创业带动就业的发展理念。因此，高校需要通过创新创业教育的引导，将一些劳动者变成创业者，对传统的教学模式进行创新，必须面向应用、市场、社会，积极与企业合作，形成"一站式"的人才培养模式。校企合作下的创新创业教育，能够使学生认识到创业的重要性，激发大学生创业的积极性，促进大学生的全面发展。

二是提高教师队伍的水平。针对高校教师的创新创业教育水平较低的情况，学校通过与企业进行互动合作能够有效解决这个问题，在合作的过程中，企业不仅可以对大学生进行指导和培养，对任课教师也可以进行培训，建立可持续发展的培养机制。与企业进行深化合作，除了可以对教师进行培训，还可以聘请企业中的一些专家担任学校的兼职教师，极大地提升了教学的专业性与时效性，保证了创新创业教育的质量。

三是激发大学生创业的兴趣。近年来，国家对大学生创业越来越重视，出台了很多政策，以鼓励大学生进行创业。但由于受到一些传统观念的影响，大学生创业的意识还是比较薄弱的，并没有形成创业的风气，自主创业并不在大学生的职业规划中。因此，需要在校园中形成良好的创业风气及文化，使得大学生在潜移默化中产生创新创业的意识，要充分调动大学生创业的积极性。学校可以通过与企业合作，开展一些讲座或培训活动，举办创业大赛，将企业作为学生创业的一个实践演练场所，改变大学生的择业观念，使大学生将创业作为职业规划中一个重要的方向，发挥大学生的主体作用，从根本上解决大学生创业比例低的问题。

二、大学创新创业教育中存在的问题

一是教师团队力量相对薄弱。任何学科和教育的开展，都离不开优秀的教师团队，教师团队的水平在一定程度上会保证课程的质量。但是，当前高校中创新创业课程的授课教师，很多是由辅导员或一些二级学院的教师来担任的，而这些教师大多没有创业经历，普遍缺乏创业教育的理论知识及实践经验，创新意识和创新能力都欠缺。在授课的过程中，基本以单一乏味的教材为主，很难为大学生提供具有建设性的创业建议，更无法对大学生的创业活动进行指导。所以，这种师资现状难以满足大学创新创业教育的要求。

二是高校创新创业意识薄弱。创新创业意识的建立，是大学生进行创业的前提和基础。创新创业意识的培养也是当前高校创新创业教育的目标。由于大学的创新创业教育还停留在理论层面，使得大学生创业意识薄弱，缺乏创新意识以及创业能力。与此同时，很多家长以及老师都有"学而优则仕"的观念，他们不看好大学生自主创业的前景，学生自主创业的社会认可度较低。他们认为大学生毕业就应该进入企业工作，否则就无法实现其社会价值。一些大学生即使具备创业的能力和技术，并且所选项目呈现了非常好的发展前景，但依然得不到父母的支持。除此之外，很多大学生自身也存在一些问题，在大学生群体中存在着"能进入企业就不创业"的观念，他们认为只有在走投无路的情况下才会选择自主创业。他们在对未来发展进行规划时，并没有把创业作为目标，觉得创业辛苦，难成功。他们对于创业的各方面了解也比较少，对自主创业的兴趣也不大。因此，造成了当前大学生创业的意识和能力都比较薄弱，很少会主动选择创业。

三是创新创业课程设置不合理。大学创新创业教育的课程设置是一个很重要的环节。科学合理的课程设计能够显著提高课程的质量，有利于学生创新创业意识和能力的培养。但在当前的发展模式下，很多学校的课程设置都是相同的内容，都是面向所学专业的，并不能满足学生个性化发展的需要。因此，高校在开展创新创业教育时应注意与专业相结合，提供具有针对性的、个性化的指导，积极开展一些实践活动，在实践中加深大学生对创业的理解，使大学生对自主创业产生兴趣。

三、校企合作视域下高校创新创业教育模式的构建

高校是培养人才的场所，而企业也要发挥自己在应用型人才培养中的重要作用，充分整合优化自身的资源，与学校的优势相结合，为大学生培养创新意识及创业能力打造一个更加完善的平台。校企合作开展创新创业教育可以从以下几个方面出发。

一是建设实训基地。为了更好地开展创新创业的教育，高校应与企业合作，建设创新创业实训基地。虽然很多大学生都有创业的想法，但是因为对创业的流程并不是很了解，面对项目的选择、资金的筹备、场所的租赁等环节无从下手。因此，高校与企业合作建设创新创业实训基地具有十分重要的意义，高校为实训基地的发展提供人才和技术上的支持，而企业则需发挥其在经济上的优势。通过两者的合作，可以为大学生创业提供指导。实训基地还可以为大学生提供实训的机会，使学生得到专家的指导，可以有效解决传统创业教育中教师创业经验少的问题。除此之外，企业还可以与高校开展一些创业项目，让大学生参与进来，在实践中积累经验，激发其创业灵感。

二是企业参与开发课程。为了更好地开展高校创新创业的教育工作，高校应该加大与企业的合作力度，尽可能与企业的优势相结合。传统的创业教育的课程设计中，存在很多不合理的地方，单调乏味的案例分析，枯燥的创业流程，都会降低大学生的创业兴趣。因此，高校应让企业参与创业课程的开发工作，提升创业教育课程的实用性，结合不同专业的特点，设计个性化的创新创业教育课程，通过高校教师与专家的交流与探讨，将彼此优势进行融合，优化教学方法和教学模式。另外，企业还可以开发一些网课软件，提高大学生自主学习的积极性，通过网络平台来提升创业能力，使大学生对创业的各个阶段都有一个全新的理解，逐渐消除大学生对创业的恐惧，使其熟悉创业，爱上创业，并为未来的创业活动打下坚实的基础。

三是搭建孵化平台。在合作过程中，高校与企业还需要与时俱进，为大学生提供更多的创业平台。实现创业教育模式建设的最终目标就是孵化平台的搭建。在高校中有很多管理能力和创新能力都很出色的大学生，苦于没有平台施展自己的抱负。高校通过与企业的合作，就能够解决这个问题。孵化平台的作用就是对创业项目提供孵化服务，通过企业来为大学生创业提供资

金上的帮助，主要形式有项目合作、资金注入等。在企业为大学生提供帮助的同时，高校也会对学生创业提供技术上的扶持，这种"双管齐下"的发展模式可以极大地提高大学生创业的成功率。因此，孵化平台在大学生创业过程中发挥着不可替代的作用。

高校与企业进行合作，通过创新创业教育的开展，大力培养创新型人才，是一种以市场和社会需求为导向的发展模式。充分结合高校和企业的资源优势，帮助大学生提高创新创业的能力，为大学生创业提供良好的环境。与此同时，国家要大力支持大学生自主创业，通过一些优惠政策的推行，鼓励大学生进行创业。

第四节 "双创"背景下高校创新创业教育模式

在大学生的创新创业教育中，需要国家和社会各界的共同努力，其中国家要提供一些必要的政策来扶持大学生创新创业，社会各界需要密切关注学生的创新创业教育，给大学生创造更好的社会环境，学生自身也需要提高个人的素质水平，共同推动创新创业教育的发展。本节分析在"双创"背景下对大学生进行创新创业教育的必要性，并且结合了高校创新创业教育中存在的一些问题提出了应对策略。

在新的背景下，创新和创业应该成为我国的发展理念当中的关键词，创新和创业教育模式的开展不仅仅是为了给国家培养创新型人才，更是为了推动社会和国家综合实力的提高。创新和创业的教育模式，能够为经济社会指出更加明确的发展方向，也能为高校的人才培养树立目标，使得各个高校将培养创新型的人才作为学校的核心任务。

一、 "双创"背景下学校进行创新创业教育的必要性

一是"双创"教育模式是符合国家发展的需求的。自从创业和创新的理念发布以来，国家对"双创"型人才的培养就越来越重视。

二是有利于提高学校教学的质量。在经济发展越来越快的21世纪，很多学校都顺应时代开始扩招，但是其教育质量却没有从根本上有所提高。所以，

各个高校应该在"双创"的背景下，重视创新和创业教育，注重培养有理想的、有胆识的、有知识的创新型人才。因此，各高校应当注重创新创业人才的培养，努力培养出一批有理想、有抱负、有胆识的创新型人才，这样不仅有利于学校教育制度的改革，提高学校的教育的质量，还能够减缓学生就业的压力。

三是利于提高个人的素质和能力。大学生毕业以后找不到合适的工作，这不仅仅和专业知识不足有关，主要还是因为大学生其他素质也相对较差，如眼高手低，且对工作的理念出现问题，还有想要创业的学生往往是因为自身创业方面的知识不够而导致失败。所以，学校重视创新和创业模式的教育，就能够在一定程度上提高学生在创新和创业方面的专业素养，让学生能够有自己的专业特色，提高学生在创造、沟通和思考、合作等方面的能力。

二、创新创业的教育模式中存在的问题

（一）学校的创新和创业教育比较注重形式、轻视实践

一些学校的创新创业教育比较注重形式，而在真正实践教育中却有许多问题，主要表现在下面几个方面：

一是"双创"工作流于表面。一些学校在开展工作的时候非常积极响应国家"双创"的要求，但是往往停留在表面工作，而真正能够将创新和创业的教育模式施行下去的比较少。

二是高校盲目地鼓励学生进行创业创新。在实际的教学工作当中，经常会有脱离了课堂和系统的学习和教育的方式，这样会在一定程度上增加学生成长过程中的不确定性，也会增加社会负担。

（二）创新创业教育模式的管理机制存在问题

部分学校的创新和创业的管理机制比较混乱，没有明确各部门职能，职责也不完善，导致工作不顺畅，各个部门仅仅是处理本部门的工作，不能够有效地将资源整合起来，使得"双创"教育模式不能够深入施行。

（三）创新和创业教育的师资问题明显

目前，我国的创新和创业的教育模式在实施的过程中，最突出的问题就是创业和创新方面的教师比较缺乏。在我国，一些高校的创新和创业方面的

教师没有专业的创新和创业的相关知识储备，且很大一部分教师是从其他专业调来，对创新和创业的知识也需要理解和掌握。

（四）大学生的创新和创业的环境需要改善

目前，大学生在创业和创新的过程中，创业环境对大学创业具有重要影响，政府应采取有效措施，为大学生创业营造良好的环境，政府应出台更多鼓励和支持大学生创新和创业的政策，让真正有创新和创业思想的大学生得到帮助。

（五）学生自身对创业和创新的认识误差

因为受到传统观念的影响，一些学生认为大学毕业以后就应该找一份稳定的工作，认识误差严重阻碍了创新和创业教育模式的开展。

三、在"双创"背景下，创新和创业教育模式发展的建议

一是转变就业观念，鼓励学生参与创新和创业。21世纪，不管是在社会上还是在学校里，都要重视创新和创业教育。创新和创业的教育模式，不仅能够提高学生的专业知识水平，还能够培养学生吃苦和冒险的精神，学校和社会都要增强学生对创业和创新的认识。

二是全面提高大学生的综合素质与能力。大学生自己要有思想和觉悟，不要因为外界的因素就轻易地放弃创业和创新，要全面提高自己的综合能力，同时还要具备专业的技能，这样才能够为以后的创业和创新打下基础。

三是完善创新创业教育模式的管理机制。"双创"的教育模式在学校的施行中，需要完善的管理机制，明确各个部门的职责，不仅要各司其职，还要加强沟通。定期整合教育的资源，定期讨论研究管理机制中存在的问题，不断地完善管理机制，完善的管理机制是创新创业的教育模式开展的关键所在。

四是强化师资的力量，提高教师的专业水平。教师的专业能力影响着学生的专业能力，要想培养出创新和创业能力强的学生，就必须要提高教师的专业水平。学校可以聘请一些专业人才到校内进行授课，也可以定期进行创新和创业的知识讲座，这样不仅能提高教师对创新和创业的认识，还能够增强学生的认识。

　　五是政府和社会为学生创造良好的创新和创业的环境。政府应在政策上支持学生的创新和创业实践，可以为学生提供免息贷款，或者资金补助；社会应该多为学生提供实践岗位，在工作过程中引导学生，为学生在未来创新和创业活动打下基础。

第十章 高校创新创业教育的实践应用研究

第一节 高校创新创业教育平台构建及应用

加强高校创新创业教育是推动国家创新发展的重要措施，是我国高等教育发展的基础。研究构建高校创新创业教育体系，就要搭建高校创新创业教育实践平台，将高校创新创业教育与高校人才培养紧密结合，解决创新创业教育过程中出现的问题，培养大学生创新思维和创新创业能力，推动我国高等教育教学改革。

创新创业是民族振兴之魂、国家发展之根。创新创业教育包括创新创业意识、知识、能力和品质等教育。开展创新创业教育，培养大学生的创新意识、创新精神和创业能力，是创新型国家建设的需要，是时代、经济和社会发展的需要，是高等院校教育改革的需要，是提高大学生持续发展能力和社会适应能力的需要。

一、搭建创新创业教育平台

（一）搭建高校创新创业教育实践平台

鉴于一些高校创新创业教育重视理论教学、轻视实践训练，创新创业实践平台不完备，高校应整合校内外优势资源，建立协同发展、协同育人的创新创业实践体系，搭建创新创业基础平台、实训平台和孵化平台等，适时成立创新创业学院。

加强基础平台建设，加大资金投入力度，增加基础训练项目，依托高校创新创业基地、二级学院实验室、大学生创新工作室和校企合作平台，在专业教师的指导下开展创新创业活动，积极组织和鼓励学生参加国内外各类大学生科技竞赛、职业技能竞赛和创新创业竞赛，以赛促教、以赛促学、以赛促训。搭建创新创业实践平台，依托学校"创客空间"进行创客训练，参与创客项目，提升大学生创新创业能力。推进创新创业成果孵化，依托大学科技园、成果转移中心，学生注册公司，进行实践营销和实体运营，建立校企、校校以及校地合作的孵化模式。通过开展高校创新创业活动，充分挖掘大学生潜能，提升大学生创新创业能力。

（二）高校创新创业教育课程体系建设

目前高等院校主要采取课外创新学方法鼓励学生创新创业，大学生通过考取相关证书、参加科技竞赛等获取创新创业学分。但由于创新创业课开设少、课程覆盖面窄、课程教学质量差、实践性不强，创新创业教育课程不成体系，未能取得实质性成效。

高等院校应该及时修订人才培养方案，将创新创业基础课、拓展课和实践课融入人才培养全过程。创新创业课程要突出有效性、前瞻性和系统性，要以需求为导向，实现课上和课下、线上和线下、理论与实践相结合，以获取更好的教学成效。高校要做好创新创业教育基础课、拓展课和实践课等模块化设计，及时将行业动态和发展最新成果融入课堂教学。创新创业基础教育要面向学校全体学生，开设必修课和选修课，使学生掌握创新创业的基本知识和途径，培养学生具备创新创业的基本素质。创新创业拓展课实施阶段，高校应结合专业，面向对创业浓厚兴趣的学生开设选修课，将创新创业理论与实践相结合，开展创新创业实践活动。创新创业实践课实施阶段，要面向创新创业能力强的学生开设创新创业实践课，进行个性化培养。同时人才培养方案应将学生参与创新创业活动和取得的成果计入综合教育学分。

（三）创新创业教育的师资队伍建设

目前高等院校创新创业专任教师教学经验较少、数量不足，创新创业意识也较为薄弱，很难组建创新创业教学团队。专职教师创新创业理论基础不扎实，缺少实践经验，教学过程中缺少鲜明的案例，倾向宏观理论说教，难以激发大学生的创新创业热情。

培育创新创业教育专职教师队伍。由具备扎实的创新创业理论基础、创新创业实践经验、高度的责任心和热情的教师组建高校创新创业团队，学校加大团队建设投入力度，安排专职教师参加各类创新创业师资培训，提高教师的创新创业指导能力；安排创新创业指导教师到国内大型知名企业挂职实践，参与企业生产活动，积累创新创业实践经验。

培育创新创业教育兼职教师队伍。创新创业教育涉及管理学、经济学、法律学、心理学、伦理学等多个学科，社会兼职教师参与通识类课程教学，对大学生进行个性化指导；聘请创业成功人士、知名企业家、行业企业高管和技术人员担任学校高校创新创业教育兼职教师，介绍经典案例、企业文化、企业资金管理模式以及如何规避创新创业风险等知识。

（四）构建高校创新创业教育质量保障体系

部分高校建立的大学科技园、高校创新创业基地、众创空间和创业孵化基地等缺少基本设施。在政策指导、公司注册管理、成果交易、技术培训和法律咨询等方面服务不到位，学校、企业和政府之间权责不清，高校、企业和政府尚未形成协同育人机制，亟须构建高校创新创业教育质量保障体系。

以技术创新和研发为目标，搭建创业平台；以需求为导向，培育创新创业项目，建立高校、企业和政府之间能够良性互动的创新创业教育体系。

搭建创新创业教育服务平台，完善创新创业服务体系，为高校创新创业提供技术咨询、项目申报、企业注册、资源对接、法律咨询、活动交流和政企协调等服务，激发大学生创业热情，实现大学生科技竞赛成果、创新创业训练项目和研发成果与社会投资对接。政府对创业孵化基地进行奖补，引导社会资金投入，对大学生初创企业给予一定的补贴等，创造条件促进高校创新创业成果有效转化。

建立创新创业教育激励机制。对高校创新创业项目的前期调研和可行性分析，对有市场前景、能产生社会效益的项目提供支持，对指导教师和项目组成员给予一定奖励。

二、高校创新创业教育成效分析

学校合理规划和搭建校内实践教学平台和校外实训基地，开展工作室教学模式，为大学生创新创业训练提供必要的仪器设备和训练场所。

完善创新创业训练模式，充分利用企业资源，形成良好的工作学习环境，加强创新创业训练导师队伍建设。信息反馈与激励机制，将高校创新创业教育纳入教学考核体系。通过政府支持、企业支持和学校自身改革，政府、企业和高校联动构建大学生创业服务体系。创新创业教育是新形势下教学改革的积极尝试，需要不断探索与实践加以完善优化。

第二节　PDCA 循环法在高校创新创业教育管理中的应用

国家经济建设与社会发展需要高素质人才，高等教育担负着培养高素质人才的重大任务。创新创业教育能够培养具有创新精神和实践能力的高素质人才。科学有效的创新创业管理是保证教育目标实现的关键。PDCA 循环法具有持续性、循环性和完整性的特点，是科学管理的有效方法。高校创新创业管理应用 PDCA 循环法，能够解决创新创业教育过程中存在的创新创业教育与专业课程教育融合度低、专业化不够和管理机制不完善的问题。另外，高校创新创业过程中，应用 PDCA 循环法也可以进行有效的自我管理。

一、PDCA 循环法的内涵和特点

（一）PDCA 循环法的内涵

PDCA 是管理学中通用的模型，是由美国质量管理专家休哈特博士首先提出，后来由美国著名的质量管理专家戴明博士根据信息反馈原理采纳宣传，所以又称其为"戴明环"，这是全面质量管理应该遵循的科学程序。PDCA 是英语单词 Plan（计划）、Do（执行）、Check（检查）和 Act（处理）的第一个字母。其中"计划"指方针、目标及活动计划的制定，"执行"指具体的运作，"检查"指明确效果并找出问题，"处理"指对总结的成果进行分析，正确的加以肯定并将其标准化，制定指导书，错误的放入下一个环节。PDCA 循环就是按照这样的顺序进行质量管理，并且循环下去的科学程序，是质量管理的一个方法。

（二）PDCA 循环法的特点

1. 持续性

PDCA 通过循环持续运转，每循环一周质量提高一步。每次循环只有使思想方法和工作步骤更加细化，问题才能不断地解决，管理质量才会持续提高。

2. 循环性

大环套小环，小环保大环，环环相扣，彼此促进。整个管理循环是一个大循环，各执行部门则是大循环中的每个小循环。小循环以大循环为整体，是大循环的有机分解和重要保证。

3. 完整性

PDCA 循环是一个整体，每一个循环中的每一个阶段都处于同等重要的地位。每一个阶段的工作都是下一阶段的开始，互相促进，持续改进，从而最终可持续性发展。

二、高校创新创业教育管理存在的问题

（一）创新创业教育与专业课程教育融合度低

目前很多高校都开设了"大学生职业生涯规划""职业岗位群导论""创新创业基础"和"创业管理"等创新创业课程，大学生可以学习到创新创业需要哪些条件、相关政策和法律法规等知识，引导有创新创业想法的学生在大学期间合理规划，为创新创业实践提前准备。高校创新创业教育内容不能只局限于教科书上的理论知识，要和实践操作相结合，侧重大学生的体验，培养大学生的创新创业意识，要将创新创业教育融入大学生素质教育中，努力营造"头脑思创新，动手能创造"的良好教育氛围。

（二）创新创业教育专业化不够

创新创业是一个复杂的群体活动过程，涉及很多方面。作为创新创业的教育管理者，素质能力的高低，管理体制健全与否，关系到创新创业教育活动实施的成败。一些高校的创新创业教育由行政职能管理部门来负责，大多数教师对创新创业教育不够重视，没有经过专门的创新创业培训，缺乏创新创业意识，很难激发大学生的创新创业热情。

(三) 创新创业教育管理机制不完善

习近平总书记在党的十九大报告中指出"加快建设创新型国家"，明确"创新"是引领发展的第一动力。党的十二届全国人大三次会议中李克强总理指出 2015 年的工作总体部署，培育和催生经济社会发展新动力，推动"大众创业、万众创新"。大学生是国家建设的主力军，高校应该把培养大学生的创新创业能力作为教学改革的主要内容和人才培养的方向，来培养"专业＋创新＋创业"的新职业复合型专业人才。高校虽然设立了创新创业教育管理机构，但在教育实施过程中，管理机构和教育者缺少沟通，对创新创业教育政策和法规理解有偏差，导致创新创业教育效果不理想，因此加强高校创新创业教育指导管理与监督评价是教育管理的重点工作。

三、PDCA 循环法在高校创新创业管理中的应用

高校创新创业教育是一个全面的、系统的过程。高校创新创业根据培养目标来实施教育方案，监督并反馈创新创业教育效果并进行改进。只有不断地循环、总结经验、解决难点，形成教育的 PDCA 循环，才能提高教育的实效性。PDCA 循环，可以使思想方法和工作步骤更加条理化、系统化、科学化。PDCA 循环可以有效地应用到高校创新创业管理中，也可以应用到大学生自我管理的每个细节中。

(一) 高校创新创业管理

1. 制订创新创业教育管理方案

高校应适应经济建设与社会发展战略需要，全面贯彻落实《教育部关于全面提高高等教育质量的若干意见》，改革教育管理方式和手段，明确人才培养目标。高等教育的目标是培养高素质的人才，创新创业培养的重点是培养大学生掌握创新方法的运用，它不是简单思维上的思考过程，需要通过有效为大学生提供训练提升的教育和培训方法，使大学生能够了解方法、掌握方法、运用方法，从而解决问题、促进就业，实现创新创业。创新创业教育与专业课程教育的人才培养目标是一致的。学科之间都是彼此联系的，如果

每门课程都是孤立的，大学生就会只见树木不见森林，所以要二者深度融合，让大学生将掌握的专业理论知识运用到创新创业实践中，从而调动大学生学习的主动性，强化高校创新创业精神，锻炼和提升大学生的创新思维与创业技能。

2. 培训和选拔创新创业教育管理教师

创新创业教师应该热爱创新创业教育，这样才能够激发大学生的求知欲，提升其判断力，锻炼对复杂环境的应对能力，使大学生能够运用理论知识对特殊事例做出判断。高校应加强创新创业教师的教学能力建设，选拔有能力的教师来担任创新创业教育工作，定期组织培训、访学及进修等工作，鼓励创新创业教育教师到行业企业挂职锻炼。高校要定期对创新创业教师进行考核，不仅考核其专业知识是否达到标准，同时也要考察其对专业知识的运用能力。另外，对考核不合格的教师要进行有针对性的培训，对无法提高自身素质的教师要将其调离创新创业教师岗位。

3. 实施和监督创新创业教育

教育管理部门在下发人才培养方案后，各教学部门要进行实施。创新创业教育实施了一个阶段之后，要对照人才培养计划和培养目标，定期检查并监督实施效果，及时发现问题。定期检查和监督非常重要，能够确保教育工作是否按照计划进度实施，各部门要及时相互反馈教育过程中出现的问题。教育管理部门对教学单位具有监督管理权，如果教学单位在执行过程中出现偏差，要及时指导并纠正。在严格按照计划实施教学时，没有出现预期的结果，则意味着教育方案失败，那就要重新制订最佳方案。

4. 改进创新创业教育管理机制

创新创业教育要满足不同类型的创业者的需求。开展创新创业教育管理评价，是创新创业教育管理的基础工作，评价能够为创新创业教育管理提供决策参考。根据监督检查的结果，学校要采取相应的措施，来改进培养计划和目标，制订新的培养计划和目标。针对不同创业者的需求和创新创业教育管理的反馈与评价，制定相应的整改方案，以建立健全创新创业教育管理制度。

（二）大学生自我管理

1. 创新创业项目设计阶段

高校创新创业，首先就要考虑把精力和资源放在哪一个领域，什么样的项目能够很快取得成果，以及项目的创新点在哪里等问题。项目设计是创新创业项目的前期准备工作，也是非常关键的。只有项目有创新点，项目的最终成果才可能转入创业的环节。开展创新创业项目之前，一定要认真准备，项目计划书是不可缺少的，没有项目计划书的创新创业就是蛮干，容易以失败而告终。创新创业项目开始执行前，指导教师会指导项目组所有成员进行项目设计。一般情况下，是由项目负责人提出一个初步的项目方案，所有项目组成员在一起讨论项目是否可行，指导老师听取所有项目组成员的意见，并提出自己的见解，最后确定一个最优方案。

在项目计划书确定的过程中可以不断发现问题，及时进行相关内容的补充，从而完善项目计划书。创新创业项目是否能够顺利进行，都要有一个严格的论证，要查阅大量的文献，并收集相关的数据进行分析。

2. 创新创业项目的执行阶段

项目计划书确定以后，项目就可以运行了。项目运行过程中要解决资源与团队的问题，包括团队每个成员分工，每天投入多少时间，多少天为一个时间节点等方面，都要经过深思熟虑。项目的执行阶段也是一个PDCA循环。一般情况下，指导教师会布置本阶段的任务，让项目组全体成员清楚工作目标，然后做好详细的工作计划与进度。全体成员各司其职，按照计划执行，定期开会交流心得，解决问题。在规定的时间节点，任务是否完成，如果完成，就进入下一个阶段；如果没有完成，则进入下一个PDCA循环。

3. 创新创业项目的检查和处理阶段

创新创业项目完成后，指导教师要进行最终汇报检查。若发现问题，指导教师就会提出整改意见，项目组成员进行整改。整改完成后，指导教师要指导项目组成员进行论文撰写或报告总结，项目成员将创新创业过程进行简单论述，交流自己的心得体会，从而提升创新创业能力和认知。

第三节　TRIZ 理论在高校创新创业教育中的应用

一、TRIZ 理论与创新创业概述

1946 年，前苏联发明家根里奇·阿奇舒勒（G.S.Altshuller）创立了发明问题解决理论（Teoriya Resheniya Izobretatelskikh Zadatch，缩写为 TRIZ）。该理论将要解决的问题抽象化，并利用 TRIZ 工具找到解决模型，进而转化为解决方案。我国 TRIZ 理论研究的主要阵地是高校，TRIZ 理论为大学生创新创业能力培养提供了创新理论，也为创新创业教育的开展提供了思维方法。

二、TRIZ 理论创新思维在高校创新创业教育中的应用策略

一是建设课程体系。高校的创新创业教育面临着众多的问题，影响创新创业教育开展的因素也有很多。首先，学校内的创新创业教育课程没有完整的课程体系，只注重教学形式，忽略了教学的本质，而这样的教育形式极大地阻碍了创新创业教育的发展。创新创业教育是融合了多种学科的综合性课程。其次，我国的创新创业活动是近年来才兴起的，发展的时间较短，缺乏比较深入的研究理论成果。重新调整优化课程体系，建立科学的课程体系，有利于对学生进行创新创业的教育，同时要有完善的法律法规政策对学校的创新创业教育进行法律保证。最后，在学校教学管理方面，可设置一些创新创业教育相关的选修课，如 TRIZ 理论课、创新思维课等，要配有详细的教学计划。

二是建立科学合理的教学评价体系。创新创业教育能够培养大学生的综合创业素质，但是我国很多学校都没有形成完整的教育模式，使得创新创业教育的体系不完善。很多学校忽略了创新创业教育评价体系的构建，以至于无法对学生的学习情况进行实时监督。创新创业活动有着较高的实践性。当前在社会认同和接受程度都很低的背景下，建立科学合理的教学评价体系，能够使教育模式更加成熟。对学生学习状况的评价是提高学生学习成绩的有效措施。当前新创业教育评价模式的缺失，使得创新创业教育的发展进程缓

慢，学生的创业素质得不到有效提高。因此在完善创新创业教学体系的过程中，要着重进行评价体系的完善。

三是加强师资队伍建设。提供教师对外进修和培训机会，使教师能够对学生进行有针对性的辅导，尤其是让教师对有创新创业意向的学生进行额外的辅导。在学生进行创新创业的过程中，教师的指导对学生会起到重要的作用。教师的教学水平会直接影响学生的创新创业素质。因此，在加强创新创业教育的同时，也要为加强创新创业指导教师队伍的建设积极创造条件，加强专业师资培训。教师要能够为学生选择合适的讲课内容，创新创业教育的讲课内容要与时俱进。所以在更新教学理念和教学方法的同时，也要同步加强教师素质的提升，培养和选拔专业带头人。另外，也可以适当地邀请专利发明者、知名企业产品研发人员举办讲座或宣讲，让学生了解创业的规律和技巧等知识。

四是营造创新创业氛围。想要更好地促进学生的创新创业活动，就需要在社会和校园中，营造浓厚的创新创业氛围。共同营造职场氛围，实现创新创业文化与企业文化相融合。从对少数有创新创业意愿的学生开展创新创业教育，到将创新创业教育推广到全体学生。学校要大力支持和鼓励、理解学生创新创业，并给予相关政策支持，挖掘学生的创新潜力。全面应用和推广TRIZ 理论，调整优化专业人才培养方案。使学生获得创新创业的认知，推动社会经济的加速变革。将创新意识和创业素质作为培养学生的主要内容，树立正面典型，激发大学生的创新创业意识。改革人才评价标准，对勇于创新创业的学生进行表彰，最终形成浓厚的创新创业氛围。深化院校内涵建设，着力培养创新创业人才。

五是促进校企深度合作。《国家中长期教育发展规划纲要》对校企深度合作作出了政策规定和引导。很多学校在实施创新创业教育过程中，提出了校企合作创新创业教育的新理念，逐渐探索出将创业教育与专业教育结合的途径，并根据学生的专业情况建立校企合作的实体创业学院。校企联合是指学校与企业有着合作平台，共同建立真实或者模拟的生产工作环境。要着重培养学生的实践能力，提高大学生的创新意识和创业能力。通过积极地寻求与政府等机构的合作，建立校外创新创业实训基地，为学生分配创新创业实训项目，让学生在实训中获得工作能力的提升。在创新创业教育改革中的校企合作是一个全新的视角和方向，最终推动经济的发展，实现社会主义市场经济的转型升级。实施创新创业技能人才培养模式，能够为学校和企业都带来利益，使得校企合作真正体现出实效性，促进学校和企业的深度合作。

随着经济的不断发展，我国经济已经进入了中速稳定增长的新常态。通过建设课程体系、建立科学合理的教学评价体系、师资队伍建设、营造创新创业氛围、促进校企深度合作，才能有效地将 TRIZ 理论创新思维应用在高校创新创业教育中，从而逐步解决大学毕业生就业难等社会问题。

第四节　大学生项目参与式创新创业教育模式的应用

当前大学毕业生的就业压力越来越大。高校毕业生存在着就业能力方面的不足，集中体现在就业观念落后、心态不端以及求职能力匮乏等方面。为解决这方面的问题，就需要以创新创业教育来提高大学生的就业能力。

参与式教学法属于国际上比较流行的一种强调教学培训的方法，是由英国的社会学家总结发展起来，并且在教育领域应用日益广泛。参与式教学的过程中，大学生往往受教学目标的明确指导，在包容的环境当中，运用合理方法来创造性融入各个教学环节，充分发挥创新意识并且提高自身的能力。

一、参与式创新创业教育的特点

参与式教学有着全面性的特点。传统的教学方法片面强调教学效果，忽视教学环节当中学生是否投入以及学习的积极性是否得到激发。在这一背景下，学生往往被动接受知识，难以实现人才培养的目的。参与式教学强调合作学习和探究学习等师生互动的内容，有利于激发学生的学习热情，让学生可以真正参与到各项教学活动当中，在知识、心理以及能力等方面的培养当中实现自身水平的全面提高。

参与式教学有着主体性的特点。传统课堂教学主要强调教师的"教"，忽视学生学习的过程，给教学效果带来不良影响。参与式教学高度重视素质教育，强调学生的主体地位，教师主要发挥引导作用，从而在和谐的互动当中有效实施教学计划。

参与式教学有着合作性的特点。通常情况下，参与式教学强调合作模式，借助于小组活动来实现信息沟通与交流。学生在合作的过程中，一方面可以得到更多知识从而拓展自身的视野，另一方面能够深切体会到合作以及竞争的价值，为日后踏入社会做准备。

参与式教学有着开放性的特点。参与式教学引导学生去主动拓展思路，发挥他们的创新意识，并且积极融入教学活动的各个环节。因此无论教学环境的布置还是教学内容的设计，教师都需要遵循开放性的原则。只有这样才能够培养大学生的发散思维，健全知识结构。

二、参与式创新创业教育面临的问题

大学生综合素质不一。当前参与式创新创业教育面临各种问题的首要原因是大学生综合素质不一、专业水平及综合能力等方面无法满足创业的基本要求。大学生现今所接受的应试教育与其就业所需较高综合素质之间的矛盾越来越明显，大学生只掌握理论知识，缺少实践经验，无法真正将所学知识应用到创业中，最终造成失败。

缺乏创业方向引导，实践性较差。创业是一项艰巨并且严谨的工作，应该在各个方面制订科学合理的计划及方案，一旦缺少正确的创业引导，就会导致创业失败。

大学生社会经验不足。由于大学生自身人脉及社会阅历较少，无法全面理智分析当前局势。大学生创业是一种全面素质的综合考验，对刚刚走出校园欠缺经验的大学生而言，社会事务处理能力不足，应试教育使大学生多注重课本内容，他们缺乏实践能力，社会经验欠缺，创业中遇到问题无法找到全面合理的解决方法。

缺少资金及政策扶持。大学生创业需要大量资金支持，资金不足导致大学生的创业过程困难重重。

三、大学生项目参与式创新创业教育模式的应用

激发学生创业热情。项目参与式教学同传统的教学模式有着很大的区别，主要通过实践式、讨论式以及竞赛式等不同的模式来进行教学，创设活泼轻松的课堂氛围，来实现理论和实践之间的完美融合。在大学生的创新创业教

育过程中，应用参与式的教学策略，能够有效激发他们创业的热情，让大学生在聆听以及反思的过程中得到心灵感悟。例如，教师应在教学开展的过程中进行商业计划书方面的竞赛，让学生在分享的同时引发共鸣。学生在聆听演讲的过程中会受益匪浅，在对未来的展望当中坚定创业信念，为创业梦想的实现做好准备。

营造生动课堂环境。为了可以凸显高校创新创业教育应有的实践性特色，教师需要积极应用项目参与式教学方法，营造生动的课堂环境，彻底改变教师灌输和学生接受的教学模式。项目参与式教学能够转变以课堂为中心的教学现状，更加注重实践知识，鼓励学生走出课堂，在实践过程中学习新知识。例如，教师在教学环节应当组织大学生去采访创业成功的人员，通过分析创业成本、创业背景、创业规划及企业特征等，让大学生清楚意识创业的过程，主动发现创业的商机。这样一来大学生就能够丰富课堂内容，充分调动他们的学习热情，在求知欲以及好奇心的驱动下持续提高理论认知水平，为日后创业的实践奠定良好的基础。

综上所述，参与式教学法是协作教学的一种。在大学生的创新创业教育应用过程中，能够有效加强教师以及学生之间的交流，在持续获得信息反馈的过程中，不断增强大学生对创业教育知识的体会，提高他们的创业能力。

第五节　激励机制在高校创新创业教育中的应用

新的发展时期，大学生是我国创新创业发展的重要群体，在高校创新创业教育发展中，激励机制能有效提升学生的创新创业素养，提升大学生的创业能力，为大学生创造更为广阔的发展空间，在此背景下，学校要积极采取有效措施，从多方面培养学生的创新和创业能力。

一、高校创新创业教育激励机制的应用原则探讨

（一）激励机制的对象应该是全体大学生

激励机制开展的目的，主要是提高学生创新和创业学习的能力，提高高校教育教学改革发展的质量，这就要求激励机制必须面向全体大学生，让他

们能从中得到提升和发展。在具体的实施过程中，学校要结合教育发展的理念，重视创新创业实践中学生的主体地位，增加学生的参与度。因此，创新创业教育不能单单理解为是针对"精英"学生开展的，需要同等对待所有的大学生，为所有大学生创造良好的发展平台，只要大学生对创业发展有兴趣，学校都要进行支持，鼓励他们大胆尝试。

（二）遵循大学生专业教育应用的激励机制

高校创新创业激励机制的应用，需要结合高校的实际发展和大学生的实际情况，这里需要考虑的是学生的专业、学习的环境及个性特点等。创业创新发展与大学生的专业知识学习有很大的联系，其开展也需要立足其专业应用来设置相应的教学方法，因此高校教师要以专业为基础，结合实际情况开展对教育教学活动的研究，找出其中的问题，积极拓展新的领域，帮助学生找到适合自己的创业创新发展道路。

当前，大学生创业活动比较普遍，只有具有独特性的创业活动才能占领市场并取得成功。因此，教师需要重视创新型原则，鼓励学生结合专业知识，激发学生的创业热情，针对学生的实际创业行为进行有效的指导，并协助学生对创业项目进行考察，给出建设性的意见和建议。

二、当前高校创新创业激励机制问题分析

（一）创新创业意识不足

当前，面对激烈的市场竞争压力，很多大学生的就业观仍然是以找到稳定的工作为主，很多学生忽视了创新创业教育的重要性，再加上家庭、社会、自身观念等多方面因素，直接影响到学生的创新创业意识，导致大学毕业生创业的主观意识不足。

（二）创新创业活动的技术含量较低，成功率低

根据调查显示，当前很多大学生的创业活动都是家教、零售等一些技术含量比较低的行业，而像软件等高新技术行业的创业率较低。此外，高校中参与过创新创业活动的大学生只占一小部分，忽视了将创新创业发展上升到长远目标的培养方案，导致创新创业成果转化率较低。

（三）高校创新创业教育管理工作缺乏认识

据相关调查分析可知，我国很多高校的创新创业教育工作多只是停留在表面。在政策的响应下进行的表面探究没有专门的部门进行就业指导，也没有专门的创新创业教育研究部门。对该项工作的参与度和重视度不够，最终导致创新教育与大学生的专业课程教学实践的联系比较少，无法推动创新创业教育的可持续发展。此外，很多创新创业教育的发展也没有与经济发展结合，不论是内容还是形式上都比较零散，难以推动学生专业能力的提升。

分析当前出现这些现象的原因，一方面，是因为从当前的发展来看，高校缺乏创业教育的理念，对创新创业教育缺乏深入的认识；另一方面，学校创新创业教育的氛围不足，受传统教育观念的影响，从整个社会发展环境及高校的发展环境来看，对高校创新创业的认识缺乏足够的认可。此外，缺乏完整的创新创业教育体系，不论是课程体系的建设还是专业教育的发展，都缺乏完善的教育体系的构建，无法满足新时期大学生创业的需要，如从资金支持、师资力量等方面，都无法为创业者提供足够的支持。在这种环境下，缺少创新创业激励机制的支撑，会影响到学校创新创业教育活动的开展，因此，高校必须重视结合实际发展，重视建立完善的激励机制。

三、高校创新创业激励机制构建的对策探讨

"大众创业、万众创新"的形势下，高校要重视激励机制的重要作用，积极构建激励机制，为学生的创新创业发展提供重要的条件。

（一）为大学生创新创业提供充足的援助基金

创新创业基金是重要的激励机制，奖学金的设置是为推动创新创业工作的开展，因此必须保证平等发放奖学金。奖学金的评判标准，除了考虑大学生的课程成绩，还要看重学生的创新创业成果，要从多个方面综合评价学生的能力。如果一个学生的成绩不太理想，但在创新创业方面取得的成绩不错，也应当给予奖学金进行鼓励，作为在创新创业方面取得成绩的奖励。目前，国家重视在教育方面的投入，国家奖学金的数额比较大，很多高校主要是根据学生的成绩和家庭条件进行判定，这种方式主要考虑的是优先照顾家庭经

济条件不好的大学生，同时要考虑到创新创业能力比较强的学生。因此，学校要不断建立完善奖学金的发放制度，可以与企业进行合作，引入企业奖学金制度，以更好地利用社会资源帮助大学生开展创新创业活动。

（二）完善大学生创新创业实践锻炼的激励机制

激励机制的设定，除了奖学金，还应该根据实际情况，制定有利于大学生创新创业实践锻炼的激励机制，激发学生参与创新活动的兴趣。因此，高校需要重视理论与实践的结合，更好地推动教学质量的提升。要做好这一工作，前提就要重视创新创业实践积累，鼓励大学生在实习或者实训中积累经验，不断完善管理实践课程。具体的实训过程中，可以采用分组学习的方式，将学生分为多个小组，每个小组提出自身的想法，为创业活动做好准备工作，并进行企业的模拟发展和运行，让学生做好资金的规划，并对具体的创业项目进行科学地分析，了解其可行性，更好地创建良好的创新创业工作环境。

（三）加强做好创新创业教育宣传工作

高校教育教学实践中，需要将创业和创新发展作为重要的两个方面。新的发展时期，可以借助现代信息技术和新媒体宣传手段开展创新创业宣传工作，可以借助校园广播、网络平台等宣传国家对大学生创业的优惠政策，宣传社会和经济发展的现状。另外，也可以对一些典型的创业成功故事进行报道，使创新创业工作成为大学生的共识，为创新创业教育的开展创造良好的环境。

四、激励机制在高校创新创业教育中的应用效能分析

（一）以训促学，推动校园创业的热潮

近些年，在高校领导的大力支持下，学校积极开设创业班，培养出很多优秀的人才，创业班根据学生的兴趣，通过自我报名或者测试选拔等，通过体能训练、素质拓展等，让大学生系统化地掌握创业的基本知识，让学生加强对创业的了解，并通过体验创业、模拟创业等，引导学生到企业中参观考察，不断激发学生的创业热情。创业班也取得一定的成绩，得到一定程度的推广。

（二）以赛促学对创业大赛的推进

当前社会、企业和学校积极响应国家号召，举行了多种类型的大学生项目大赛，很多学校认识到了以赛促学、以赛促教的重要性，鼓励大学生积极参与各类创新创业竞赛，通过比赛找到自身知识的不足，还有很多学生在大赛中培养出对创新创业的兴趣。

（三）校企合作推进发展初见成效

目前，高校积极加强与企业联合办学，推动了高校创新创业教育的开展，在政府、企业和高校的带动下发挥各自的作用，重视大学生的主体地位，引导学生培养自己的创新精神和创业意识。在校企合作办学模式下，一定程度上提升了大学生的实践能力，促进了创新创业活动的开展。

综上所述，新的发展时期，在"大众创业、万众创新"的形势下，高校要重视激励机制的作用，认识到在高校创新创业活动中激励机制建设的意义。未来的发展中，高校要革新理念，加强对创新创业的认识，加大宣传的力度，营造浓厚的氛围，普及创新创业精神，发挥激励机制在高校创新创业发展中的作用。

第六节 "微媒体"的高校创新创业课程教学模式与应用

基于"微媒体"的高校创新创业课程是一种围绕着学生创新创业这个主题，在课堂学习、研究性学习或社会创新创业课程活动中，通过"微媒体"开展的具有一定教育目的和科普意义的综合性、群体性创新创业课程活动。基于"微媒体"的高校创新创业课程是按照高校的培养目标，有组织、有计划、有目的地引导大学生深入实际、深入社会、深入生活，开展创新与创业，这是培养大学生创新思维、创业精神、创业能力的最好途径。

一、高校创新创业课程教学改革的重要性

了解大学生开展和参与创新创业课程的情况，把握高校创新创业课程的方向，总结培养创新型人才的经验，探索创新大学生人才培养模式。这对推

进高校创新型人才培养工程，乃至社会主义事业合格建设者与可靠接班人的培养都具有重要的现实意义和深远的历史意义。

基于"微媒体"的高校创新创业课程在繁荣校园文化、培养创新型人才，推动技术创新等方面日益发挥着重要作用。大学生教育要立足现状，掌握基于"微媒体"的高校创新创业课程规律；把握特征，拓展创新创业课程教育内涵；着眼未来，创新基于"微媒体"的高校创新创业课程内容与载体；完善机制，构建新的教育教学模式；提升功能，建立稳定的多元合作模式。

二、"微媒体"高校创新创业课程教学的基本原则

其一，以服务社会为主旨。马克思曾指出："人们的意识随其生活条件、社会关系与社会存在的改变而改变。"教育理念决定基于"微媒体"的高校创新创业课程的方向和态势，对基于"微媒体"的高校创新创业课程其他要素起着制约和引导作用。高校要以理念为先导，带动和促进高校创新创业课程内容、创新创业课程方法的全面创新。高校创新创业课程意识由"信念"和"意志"向"行为习惯"转化，不再满足于单一的生产劳动创新创业课程形式，不断寻求从"感知"到"参与"创新创业课程，再到在服务社会的过程中增强责任意识和奉献行为，力求适应社会需求，为社会经济服务。

其二，拓展创新创业课程教育内涵。通过生动鲜活的基于"微媒体"的高校创新创业课程不断发展和提升育人理念。高校创新创业课程的理念回应着时代的诉求、凸显着时代的特征，在不断创新中焕发着生机和活力。高校创新创业课程要解放思想、实事求是、与时俱进，用时代的要求审视面临的新形势和新任务，并相应的进行改革和创新，不断丰富和完善，达到教育效果，实现教育目标。以鲜明的问题意识、突出的主体意识、深层的学科整合为切入点，推动基于"微媒体"的高校创新创业课程创新发展，是准确把握基于"微媒体"的高校创新创业课程时代特征的关键所在。高校要立足创新创业课程中出现的崭新课题和遇到的重大问题，特别是要立足现代科学技术产生、发展、变化，积极探索育人范式的转变，不断在与时俱进中进行创新。基于"微媒体"的高校创新创业课程的理念要不断创新，赋予新的时代内涵，并将其作为构成现代教育体系的重要组成部分。

三、高校创新创业课程教学的实施途径

其一，全方位引导和管理，创新创业课程活动载体。把握新时期基于"微媒体"的高校创新创业课程规律，创设与完善活动载体。在基于"微媒体"的高校创新创业课程中，大学生广泛参与其中，他们的兴趣、爱好以及相关能力可以得到充分发展，活动有助于大学生道德认知与判断能力的形成；有助于大学生探索精神、自主意识与协作精神的培养；有助于大学生之间的互动互助，推动个体的健康成长。

把握好大学生发展规律，促进基于"微媒体"的高校创新创业课程顺利开展。在建立高校创新创业节、高校创新创业课程基地、高校创新创业课程基金的同时，从大学生凸显自我、务实理性、喜欢冒险、张扬个性等个性诉求出发，创新基于"微媒体"的高校创新创业课程的载体，丰富基于"微媒体"的高校创新创业课程的内容，使得基于"微媒体"的高校创新创业课程能够把握时代脉搏。传统高校创新创业节一般以普及科学知识、培养科学兴趣、交流科研心得为目的，以创新创业讲座与创新创业沙龙、校园创新创业竞赛等为基本形式，这种活动形式虽然可以做到规模化、制度化和长期性，但往往大学生参与度不高。各类高校都应从大学生心理需求和喜好出发，开展诸如动漫手机设计大赛、个性网页秀、微信微博设计比赛等一系列形式新颖、内容丰富的创新创业活动，从而吸引大学生的眼球。

高校创新创业社团是高校创新创业课程的重要载体，是第一课堂的补充和延伸，是大学生自我管理、自我教育和自我服务的重要平台。创新创业型大学生社团的兴趣性和专业性可以寓教于乐，激烈的思想交锋、精彩的创新创业争辩往往能够催生更多更好的创新创业成果。社团的结成多数是因为有共同的兴趣爱好，加上相对自由松散的管理环境，为越来越多的大学生所接受。大学生社团活动改变了课堂教学形式上的主客体关系，使大学生变被动为主动，有益于大学生通过广泛的渠道来锻炼才干、增长知识、活跃思想、启迪思维、调节情绪、发展个性、实现价值，促进全面素质的提高。因此，加强对大学生社团的引导和管理，是创新高校创新创业课程载体形式的有益探索和发展方向。

其二，革新教育教学方法，完善组织实施体系。深化高等教育改革，构建新的教育教学模式是基于"微媒体"的高校创新创业课程长远发展的必然选择。切实改革教学计划，处理好第一课堂与第二课堂之间的关系。将高校创新创业课程纳入正常的教学轨道，作为培养学生创新素质的主要环节。高校应调整课程体系，压缩理论教学的学时数，要求教师在教学中更多地给学生传授新知识、新信息、新技术，培养学生发现问题、分析问题和解决问题的能力，做到素质培养与课堂教学紧密结合。通过"隐形课程"和各种创新创业活动，发挥和提高大学生的想象力与创造力，培养和提高大学生的综合素质。

切实做好教师的指导工作，建立基于"微媒体"的高校创新创业课程指导专家库。据调查结果显示，39%的大学生认为参与基于"微媒体"的高校创新创业课程遇到最大的困难是无人指导，这在被调查的选项中排第一位。不少大学生因为找不到指导老师，事先准备的作品要么无法应用，要么只能找到"挂名"指导老师，教学质量不高。高校应由大学生院、教学处、校团委、学工处、科研处、人事处、财务处等多部门配合建立基于"微媒体"的高校创新创业课程指导专家库，制定和完善高校创新创业课程指导老师聘任办法和奖励办法，配套相应的项目基金，从政策、物质等方面保证"入库"专家的积极性，保证指导工作的连续性和科学性。

完善组织实施体系，发挥各部门的联动作用。具体而言，建立由大学生院、教务处、科研处、学工处与校团委组成的组织实施体系。首先，教务处通过计算教学工作量、教学奖评定、职称评定等措施调动教师积极性，吸引更多老师支持、参与基于"微媒体"的高校创新创业课程，将大学生参与创新创业活动情况纳入考察范围。其次，科研处列出各学科前沿选题指南，引导教师、大学生课外科研选题紧扣创新创业前沿，使科研活动符合创新创业发展需求，解决现实问题。运用科研网络项目管理系统对高校创新创业课程项目进行管理，包括立项申报、成果提交、作品评审等工作。最后，大学生院、学工处和校团委科学组织、广泛动员，精心设计组织好定期的创新创业活动和基于"微媒体"的高校创新创业课程，搭建创新服务平台，突出大学生的主动性，推动创新创业活动蓬勃发展，促进大学生综合素质的全面提高。

其三，整合各种资源，建立多元合作培育模式。建立多样化合作培育模式，提升基于"微媒体"的高校创新创业课程的教育功能是一项重要的、富于挑战性的工作。开展基于"微媒体"的高校创新创业课程旨在培养大学生创新能力、提高大学生综合素质，为大学生更好地成长成才服务，培养更多创新型人才。

立足大学生就业创业实际发展需要，整合各种资源。从开展基于"微媒体"的高校创新创业课程的现状出发，高校进一步解放思想，创新工作内容和形式，适应大学生需求，增强基于"微媒体"的高校创新创业课程的吸引力和凝聚力，实行"走出去，引进来"战略，广泛开展合作，通过多家企业共同参与的校企合作委员会模式，为高校创新创业课程赢得稳定的技术支持。不断提升基于"微媒体"的高校创新创业课程功能，更好地服务于创新型社会建设。

基于"微媒体"的高校创新创业课程可放眼政府关怀和企业的大力支持。校企合作委员会的建立、运行、充实过程是高校与企业、行业协会、政府部门等资源共享、联系对话的过程，从而使得各方利益获得最大满足，实现科学发展。就基本操作形式而言，一方面，建设校企高校创新创业课程基地。通过合作委员会，学校与政府、企业一起在校内外共建企业高校创新创业课程基地。通过实行会员制，支持和保证会员的创新创业工作，解决大学生从事创新创业活动的资金问题，为高校提供高校创新创业活动专项资金支持，解决部分高校无力设立高校创新创业科研专项基金的难题；另一方面，企业通过积极参与高校创新创业课程，在培养和宣传企业文化的同时，有效地降低大学生的就业成本，实现学生、学校和企业的共赢。

多方共同合作催生大学生兴趣社团。大学生兴趣社团特别是创新创业类型社团是基于"微媒体"的高校创新创业课程中的重要组成部分，也是高校创新创业课程成果的重要"生产商"。校企合作委员会利用组织优势和资源，组织有共同兴趣爱好的大学生与企业深入接触，使得大学生在与企业人员的交流和生产创新创业课程中，产生共同的目标、想法和创新灵感，从而结成社团或团队。这些社团、团队实际上就是企业管理和生产的难题攻关小组，从解决企业具体的生产和管理问题入手，找出解决方案和技术改进措施，引导创新要素向企业集聚，促进科研成果向现实生产力转化，推进国家创新体系建设，提升国家创新能力。

开发和运用创新创业资本，通过引导运用创新创业资本，提高高校创新创业适应能力和生存能力。一方面，加强高校创新创业理论教育，对大学生和创新创业团队进行专题辅导，引导大学生正确对待和运用创新创业资本；另一方面，高校要积极帮助大学生建立创新创业资本管理运行体系，为高校创新创业科研活动搭建好平台，营造良好的外部环境。

参考文献

[1] 温东荣，王海斌．创新创业实践 [M]．厦门：厦门大学出版社，2022：11.

[2] 张香兰，高萍，程培岩，等．大学生创新创业基础 [M]．2 版，北京：清华大学出版社，2022.

[3] 孙杨作．大学生创业意向心理模型构建 历史文化视角的分析 [M]．北京：中国社会科学出版社，2022.

[4] 王再学，王彬，徐云慧．创新创业教育发展及研究 [J]．现代职业教育，2022（29）：79-81.

[5] 张玉青，何佳，王玉，等．创新创业理论的研究与实践 [J]．中文信息，2022（11）：119-121.

[6] 精耕创新创业"生态圈" [J]．经济，2022（6）：110-112.

[7] 张秀娥，吴羽凡．新文科创新创业教育与实践研究 [J]．现代交际，2023（4）：89-95，123-124.

[8] 孙勇强．地方高校创新创业教育实践探索 [J]．创新创业理论研究与实践，2023（2）：98-100.

[9] 刘带，刘伟钦，蓝毅．习近平创新创业观的逻辑构建 [J]．南方论刊，2023（2）：38-40.

[10] 金成．大学生创新创业教程 [M]．苏州：苏州大学出版社，2022.

[11] 吴文嘉，张廷元，邓华作．新时代高校创新创业教育研究 [M]．成都：西南财经大学出版社，2022.

[12] 王军，蒲国林，杨珲．大学生就业引航与创新创业指导 [M]．北京：人民邮电出版社，2022.

[13] 肖杨．创新创业基础 [M]．北京：清华大学出版社，2022.

[14] 王海斌．创新创业实战 [M]．厦门：厦门大学出版社，2022.

[15] 张陆洋，闫琼.科技创新创业基础 [M].北京：高等教育出版社，2022.

[16] 施少芳，陈冬冬.大学生创新创业基础 [M].厦门：厦门大学出版社，2022.

[17] 晋愈飞.激活梦想.大学生创新创业教程 [M].上海：上海交通大学出版社，2022.

[18] 王敬，黎永连，杜国强，等.高校创新创业教育课程建设探析 [J].嘉应学院学报,2023（1）：109-112.

[19] 徐天姿，祁丽，田风雪.高校创新创业教育问题及对策研究 [J].金融理论与教学,2023（1）：110-114.

[20] 余海忠，黄升谋.创新创业人才素质与评估 [J].绿色科技,2021（17）：260-261，286.

[21] 陈磊."互联网+"创新创业的探索与研究 [J].甘肃科技,2021（8）：18-19，10.

[22] 王泽洵.高校创新创业教育刍议 [J].活力,2021（1）：84-85.

[23] 魏冲，苏燕，杨柳.高校创新创业教育的现状与路径探究 [J].科技资讯,2022（16）：202-204.

[24] 兰海，赵治中.创业基础 理论与实务 [M].重庆：重庆大学出版社，2022.

[25] 阳飞扬.创办你的企业 [M].北京：北京燕山出版社,2022.

[26] 王惠敏，袁莉.大学生创新创业教育实践探索 [J].高教学刊,2022（32）：43-46.

[27] 高洁.晋商精神与高校创新创业意识培养 [J].中国民族博览,2022（1）：105-107.

[28] 张宝文，韩丹，马池顺，等.高校创新创业生态系统建设研究 [J].创新创业理论研究与实践,2022（23）：191-194.

[29] 李智勇.高层次人才创新创业环境分析 [J].中国科技纵横,2022（22）：141-143.

[30] 张乐，高春燕，孙艳君.高校创新创业文化培育初探 [J].商展经济,2022（20）：118-120.

[31] 刘润孟，霍楷．大学生创新创业教育机制研究 [J]. 创新创业理论研究与实践,2022（19）：74-77.

[32] 范林．高校创新创业教育体系的优化研究 [J]. 科学咨询,2022（16）：19-21.

[33] 付百学，程子原，倪明辉．构建大学生创新创业教育体系 [J]. 经济研究导刊,2022（16）：112-114.